AF453779

L'ÉPICURISME

L'ASCÉTISME ET LA MORALE UTILITAIRE

DU MÊME AUTEUR

———

A la même Librairie

———

Helvetius, sa vie, son œuvre, 1 vol. in-8° de la *Bibliothèque de Philosophie Contemporaine* 1907.

Notes de la main d'Helvetius, 1 vol. in-8° 1907.

———

L'ÉPICURISME

L'ASCÉTISME ET LA MORALE UTILITAIRE

PAR

ALBERT KEIM

———

PARIS

LIBRAIRIE FÉLIX ALCAN

108, BOULEVARD SAINT-GERMAIN, 108

1924

Tous droits de reproduction, d'adaptation et de traduction réservés,

L'ÉPICURISME

CHAPITRE PREMIER

ÉPICURE ET LE PLAISIR

Il y a une morale que certains êtres d'élite peuvent construire avec leur suprême volonté d'absolu, une morale d'universel amour ou de justice idéale qu'ils bâtissent avec de purs concepts.

Il y a une éthique de rêve et de splendeur que l'on érige avec la souffrance de ce qui est et que l'on veut oublier, avec le souci de ce qui doit ou devrait être, et les ornements de la pensée théorique, la magnificence du songe recouvrent les déceptions, les erreurs et les crimes.

Il y a, en dehors de l'humanité vraie, de la brutalité des forces naturelles, une morale de noblesse intellectuelle ou de sentimentale ferveur, qui est religieuse, qui devient une religion.

Faut-il se tourner vers les somptueux palais où,

dans le silence et le recueillement, on risque d'atteindre, en une sorte d'extase, le règne de la consolation et de l'oubli ? Se réfugier dans la contemplation sublime, à l'abri de la violence et de l'iniquité, quelle tentation !

Faut-il, comme les moralistes cyniques dont nous parle Chamfort, volontiers cynique lui-même, ne regarder que les communs et même « les latrines », faut-il ne se pencher que sur la laideur et l'infamie?

On conçoit aisément que les constructeurs de systèmes réconfortants, où les plus austères vertus se parent d'élégance et d'harmonie, traitent volontiers de malfaiteurs les âpres écrivains qui s'efforcent d'analyser les faits psychologiques et sociaux.

Sans doute, ces chimistes de la vie mentale risquent de s'acharner à une œuvre de destruction en décomposant sans cesse des actes qui peuvent faire honneur à l'humanité.

Mais est-il plus salutaire, au fond, de s'obstiner à la spiritualisation de tout ce qui nous concerne et nous entoure, est-ce travailler au progrès dans la cité, dans la vie en commun, que de considérer uniquement le héros idéal et quasi archangélique du roman de la moralité ?

S'il est faux de supprimer tout ce qu'il peut y avoir de spontanément et d'exquisement bon dans la nature humaine, est-il juste de s'aveugler, de fermer les yeux devant le réel, devant la haine, la férocité, comme l'autruche devant la mort ? que de philosophes ont pratiqué, avec les plus louables intentions, ce que j'appellerais volontiers « l'autruchisme » !...

Plus on y réfléchit, mieux on comprend que le devoir pour chacun est d'essayer de dire, même si l'on court le risque d'être qualifié d'impur par les moralistes hypocrites ou chimériques, tout ce que l'on croit entièrement, strictement conforme à la vérité.

— « Ceci est mon bon plaisir » ou, avec une politesse sournoisement raffinée, « Ceci est notre bon plaisir », cette formule du prince, du potentat, ne répond-elle pas au besoin inné de chaque être vivant, d'abord, puis à ses tendances nécessaires dont il ne faut pas plus s'étonner que de la nécessité pour une pierre de tomber en vertu des lois de la pesanteur ?

Qu'il soit lié à la dépense d'une énergie superflue, à l'acquisition d'une énergie utile, ou simplement à l'activité moyenne, le plaisir est attaché à la vie.

En vain les mystiques avides de renoncement, les faibles et les désabusés, incapables d'éprouver une joie ou de comprendre celle des autres, en vain les pessimistes développant le thème connu du suicide s'élèveront contre la notion de plaisir afin de lui opposer une incompréhensible catégorie d'idéal.

Socrate, fondateur de la science morale, part de la

tendance au bonheur ; Aristippe, qui, d'ailleurs, semble
une espèce de dilettante à la cour de Denys de Syracuse,
formule une philosophie des plaisirs à tout prix, même
instables, que ne justifient pas les règles les plus élémentaires de la tempérance.

Lui-même, cependant, fait déjà, semble-t-il, d'importantes distinctions et reconnaît qu'il y a du danger
à être possédé par Laïs en la possédant. L'un des plus
considérables des utilitaristes modernes, J. Stuart Mill,
pour défendre sa doctrine, constate avec raison que
les plus farouches épicuriens se gardent bien de confondre les diverses espèces de plaisirs, ceux du corps et
de l'esprit, par exemple, et, dans leurs plus élémentaires
généralisations, établissent une hiérarchie qui va des
voluptés les plus triviales aux jouissances les plus nobles.

Nous y voilà. Il y a des mots qui ont pris un sens
choquant, qui éveillent l'idée d'une dégradation. Aussi
est-il plus astucieux de célébrer nos plus brillantes
vertus que de faire la part du plaisir et de rendre à
Epicure et aux Epicuriens l'hommage qui leur est dû.
Et encore, il faut s'entendre ! Rien de plus vague, de
plus trouble que la notion de plaisir et de cette somme
de plaisirs qu'on définit si mal sous le terme de
bonheur. Comme il est puéril de mettre une étiquette
sur un personnage et sur une doctrine ! On s'en aperçoit sans peine lorsqu'on veut se rendre compte de la
personnalité historique et réelle d'Epicure et de la
portée du système dit épicurien.

Epicure est le fils d'un maître d'école et d'une magicienne. Il cherche à ne pas être trop malheureux. Il enseigne aux hommes à se débarrasser des erreurs néfastes et des illusions dangereuses et par là il devient une sorte de dieu qui livre la guerre à certaines fausses divinités et aux grossières idoles. Lucien le dépeint comme un libérateur. Le génie pitoyable de Lucrèce exalte sa mission de régénérateur et d'apôtre.

Epicure vante le plaisir. Mais n'est-il pas lui-même, comme Ravaisson tend à nous le représenter, une espèce d'ascète ou, en tout cas, un être fort peu voluptueux, avide d'une sainteté que ses disciples, comme Métrodore par exemple, ne peuvent atteindre ?

Si, avec Guyau, nous ne le considérons pas tout à fait ainsi, nous l'apercevrons quand même sous l'aspect d'un homme qui supporte et s'abstient, qui est très « stoïque » devant la vie et devant la mort.

L'épicurisme nous apparaîtra très vite comme une doctrine grave et même souvent humanitaire, où il s'agit, pour éviter la douleur, de philosopher avec les passions en les tenant à la bride.

Néanmoins, le point de départ du système est inévitable dans toute construction d'idées morales fondée sur l'observation des faits.

« Méditons, dit Epicure, suivant Diogène Laerce, sur les moyens de produire le bonheur, car si nous l'avons, nous avons tout ; s'il nous manque, nous faisons tout pour le posséder. » De son côté, Pascal, le plus mys-

tique de tous les moralistes, le plus austère, le plus
douloureux, le plus soucieux de la charité divine
et de l'infini qui se révèle dans l'infini senti par le
cœur et compris par l'esprit, ne dit-il pas après Montaigne : « Tous les hommes recherchent d'être
heureux ; cela est sans exception. Quelques différents
moyens qu'ils y emploient, ils tendent tous à ce
but » ?

Donc, Epicure part des vérités nécessaires : « Il
faut bien, observe-t-il, que la fin soit pour tous les êtres
le plaisir, car à peine sont-ils nés que déjà par nature
et indépendamment de la raison ils se plaisent dans la
jouissance, ils se révoltent contre la peine. »

Le Sage distingue, on le sait, les plaisirs naturels
et nécessaires, naturels et non nécessaires, ni naturels,
ni nécessaires. Un peu d'orge, un peu d'eau, et il dis-
pute en félicité avec Jupiter même. Il ne doit point se
mêler aux tracas de la société. Il évitera l'amour et le
mariage. Comme l'épicurisme d'Epicure est triste !
S'il ne va pas, selon Guyau, jusqu'au nirvâna, comme
il plie douloureusement sous le poids de toutes les calamités qui atteignent la misérable espèce humaine !

Doctrine de bonheur par l'absence de trop grands
malheurs, dans la volonté libre d'offrir au mal et au
deuil le moins de surface possible. Comme nous
sommes loin des fameux pourceaux d'Epicure et
même de l'allègre médiocrité dorée d'un Horace épris
de rythmes variés, mais dépourvu de tout ce qui peut

rendre l'humanité grandiose, jusque dans sa misère et son inassouvissement !

*
* *

Il y a lieu de considérer que, dans son ensemble, l'épicurisme d'Epicure ne se présente pas seulement, en fin de compte, comme une philosophie prudente d'un bonheur adroitement ou même héroïquement arraché à toutes les calamités qui nous guettent, ni comme un pessimisme plus ou moins ascétique.

C'est la religion d'un homme qui parvient à fouler aux pieds la superstition et dont la victoire, suivant l'expression de Lucrèce, nous rendit égaux aux dieux. Nous observerons, d'ailleurs, qu'il ne manqua pas de pratiquer leur culte et fut remarquable par sa piété autant que par son zèle affectueux envers ses parents, ses amis et même ses esclaves qu'il affranchit par testament.

Quelles que soient les cruelles analyses consacrées par certains épicuriens à l'étude de nos sentiments les plus élevés, sa doctrine fut accueillie avec dévotion à la fois par ces amis dont le nombre, au témoignage de Diogène Laerce, fut si grand qu'à peine les villes pouvaient les contenir, et par des disciples attachés à lui, sous le charme d'une doctrine qui avait « la douceur des sirènes. »

Il faut évoquer Epicure au milieu de ses émules phi-

losophes, ayant triomphé du malheur et de la ca-
lomnie, à l'abri des jouissances stériles, du luxe et de
l'excès malfaisants, l'esprit sans agitation, exerçant
dans le calme toutes ses facultés, se promenant avec
sérénité dans ce fameux jardin, que beaucoup d'autres,
jusqu'à M. Anatole France, se sont plu à parer de
fleurs parfumées et chatoyantes.

Le Sage a trouvé un port à l'abri de la tempête. Il
ne craint pas les tyrans, il a réussi à se pacifier. Il ne
s'est pas contenté d'atteindre le havre de la paix stable
où il jouit, pendant la vie, des mêmes biens qui font
le bonheur de la divinité, comme l'écrit Epicure dans
sa lettre à Ménécée. Il est une sorte de prophète sacré
qui arrache ses disciples fervents à toutes les servi-
tudes.

Il se souvient de ce qui est doux et favorable, il s'est
convaincu que la fatalité des choses n'est qu'une appa-
rence, que le contingent règne partout et que sa volonté, qui lui donne le courage, la tempérance, l'indifférence devant les honneurs, la fortune et les postes
enviés de la République, doit lui assurer la définitive
sécurité. Avec cette paix de l'àme, un peu d'eau pour
lutter contre la soif, un peu de fromage cythridien,
comme mets rare, exceptionnel, deviennent d'extraor-
dinaires voluptés !

Voilà comment Epicure fait bonne chère, mais
qu'importe puisque ses amis jouissent aussi de l'absence de peine et de trouble, conservent leur plaisir,

même quand la maladie ou d'autres revers essayent de
les frapper !

« Imite Epicure », a dit Marc-Aurèle.

***

Etranges contradictions ! Il est entendu, depuis
fort longtemps, que le fondateur de la secte assujettie
aux voluptés de la terre pousse la prévoyance jusqu'à
s'abstraire de tous les dangers sociaux et donne le mi-
nimum aux plaisirs du ventre, de Vénus et du Forum.

Ce serait donc un système d'abstinence et d'habile
découragement qu'il prêcha. Si nous condamnons l'ascétisme au nom de la patrie et de la chose publique,
il nous faudra condamner l'attitude froide et désolée
de celui qui avait écrit sur son jardin : « Ici, tu te
trouveras bien ; ici est le plaisir, le bien suprême. »

La science des phénomènes ne semblait guère l'in-
téresser, bien qu'il eût étudié la physique avec un
élève de Démocrite, que par rapport à un idéal « positif » de sagesse.

De même que les Stoïciens et les Pyrrhoniens, il
s'éloigne de la métaphysique aristotélicienne. Il veut
affranchir de la cause efficiente et finale notre connaissance du monde. Partant du sensualisme, il se débar-
rasse des idées platoniciennes.

Observateur de la vie réelle, il ne tient pas à s'élever
jusqu'à la construction d'un monde supra-sensible dont

s'enivre l'imagination contemplative de tant de théoriciens. Point de formules augustes et mystiques sur le droit, qu'il découvre dans la nature même de nos besoins : c'est un pacte d'utilité nécessaire pour ne pas nous léser et pour n'être pas lésé par les autres.

Les philosophes dits épicuriens, sans se vanter d'être des ascètes (« Je ne suis pas un ascète », disait l'un des plus illustres apôtres du socialisme), ne nous apparaîtront pas spécialement comme des jouisseurs. Au contraire, en bien des cas, nous ne les verrons pas seulement amers et sarcastiques, mais encore graves, voire austères et rigides.

Ils se serviront volontiers des données nouvelles de la science en considérant l'homme à travers le déterminisme des faits de la nature.

Eux aussi s'éloigneront de toutes les constructions *a priori*. Psychologues, moralistes, sociologues, économistes, ils fonderont leurs théories sur l'expérience : tels que Lucrèce, ils concevront le monde par rapport au progrès. Ils sortiront de l'épicurisme intéressé pour être aussi des réformateurs, tant il est vrai que le bonheur personnel ne saurait s'édifier uniquement sur l'absence de la peine, mais n'est possible que dans le souci du bonheur commun.

Peu importe alors que la notion de justice ne dérive point de quelque abstraction, d'une hypostase supérieure à nos pauvres besoins, à nos humbles destinées éphémères. Il est essentiel d'observer que les philosophes dits épicuriens auront une constante préoccupation du sort de leurs frères terrestres.

L'épicurisme, peu à peu éloigné de la théologie comme de tout rationalisme théorique et stérile, au lieu de formuler un code habile des voluptés accessibles et bien dosées, semblera de plus en plus uni à la conception de l'humaine solidarité.

Sa canonique, affranchie des énigmes inutiles, limitée aux êtres et aux choses de l'existence réelle, n'aura pour but que de féconder une éthique vraiment, directement fructueuse.

Cantonné dans le domaine des réalités dont il faut tenir compte pour accomplir les tâches souvent banales et monotones de la vie quotidienne, l'épicurisme sera condamné à prendre souvent l'allure d'une morale terre à terre où les plus fières vertus ne seront pas toujours suffisamment exaltées. Il n'y aura pas toujours assez d'horizons dans les chemins étroits du jardin d'Epicure. On y sera quelquefois trop préoccupé d'abattre les ronces et les épines au lieu de cueillir les resplendissantes corolles et de s'arrêter dans la contemplation éthérée des paysages paradisiaques. On y trouvera trop peu de sanctuaires pour bénir et pour adorer.

*
* *

« En la vertu même, observe l'auteur des *Essais*, le dernier but de notre visée, c'est la volupté ».

Partons de cette vérité, si peu agréable qu'elle puisse être à ceux qui, dans leur désir de paraître épris d'un grand idéal, s'efforcent de nier le réel, ignorent les appétits, les besoins naturels, afin de n'être pas taxés de bassesse et d'éviter je ne sais quelle complaisance et quelle contagion.

Il y a aussi des penseurs préoccupés seulement d'un enchaînement de déductions ou soucieux d'une esthétique supérieure qui ne savent point, qui n'osent guère abaisser leurs regards sur le spectacle parfois atroce et lamentable des convoitises, du fanatisme et de toute la mêlée où les bêtes humaines, dépourvues d'angélicité, luttent avec tant de fureur, d'ardeur farouche et sanglante.

La recherche même du plaisir délicat et d'un bonheur intellectuel plein de noblesse, l'extase due soit à l'essor de l'intelligence, soit à la ferveur des sentiments les plus tendres nous éloigne de la compréhension exacte des penchants, de notre capacité véritable de « bien » ou de « mal ».

Cependant, il n'est rien de plus néfaste pour l'interprétation des droits dans la société que cet aveuglement, si radieux, si touchant qu'il puisse être.

Nous savons trop maintenant combien il est dangereux de construire des systèmes politiques sur de jolies utopies, sur une vision avantageuse, mais erronée, de notre nature, sur une idée fausse des conditions mêmes de la vie.

L'épicurisme, sous toutes ses formes, a rendu un immense service en insistant sur ces conditions.

Plaisir, égoïsme, amour-propre, intérêt, instinct de conservation, volonté de vivre, désir de puissance, plus ou moins associée à des théories physiologiques, métaphysiques ou sociologiques, cette notion, si variée qu'elle puisse être dans le terme et la littérature philosophique, est due essentiellement à Epicure qui formule, avec les Cyrénaïques, une doctrine du bonheur.

S'il est vrai que, de plus en plus, la morale ne saurait être considérée comme une création personnelle à l'usage de quelques esprits distingués, mais comme fondée sur un idéal d'entr'aide et de communauté suivant les besoins des collectivités modernes, il est évident qu'il vaut mieux risquer une certaine cruauté cynique et ne pas se leurrer sur ce qui fait le fond de notre être, sur le plaisir.

On s'aperçoit trop vite, hélas, que les voluptés, souvent même les plus modestes, et, *a fortiori*, les plus véhémentes, sont attachées à des peines.

C'est après avoir savouré le plaisir qu'on s'écrie avec le vieux pessimiste hébreu : « Vanité des Vanités... »

Aussi Epicure, comme tous les théoriciens du bonheur, se méfie-t-il du bonheur lui-même et prend toutes ses précautions pour ne pas s'en priver et en priver ses amis. Bentham, si avide d'être utile à ses contemporains, n'aura pas d'autre but en énonçant les règles prudentes d'une arithmétique des plaisirs. Mais cette méfiance nous mène vite à l'ascétisme ou, en tout cas, à une excessive réserve qui nuit à l'action.

Quelles doivent donc être la quantité et la qualité de nos plaisirs, à quel bonheur pouvons-nous avoir droit?

La question initiale de l'éthique n'est-elle pas de savoir s'il convient de vivre conformément à la nature, quitte à chercher l'équilibre harmonieux de nos facultés, comme le souhaitaient les Grecs antiques avant la décadence, ou contrairement à la nature?

Le plaisir réel étant l'absence de tout plaisir qui peut être suivi d'une peine quelconque, il est évident que l'épicurien, pour éviter l'éphémère volupté en mouvement d'Aristippe, deviendra très vite une espèce d'anachorète.

En fait, l'épicurien comme le stoïcien, comme le pyrrhonien, comme l'ascète chrétien ou le fakir de l'Inde, essayera de fuir à tout prix la douleur qui menace à chaque instant le plaisir.

Le bonheur doit-il être dans l'absence de tout plaisir, dans le renoncement, dans la négation de tout ce qui est et de tout ce qui fait la vie?

Certains hommes l'ont cru. Ils se sont appliqués à supprimer tout ce qu'il y avait d'humain en eux. Du reste, à la lumière de la foi qui sait nous consoler, la plupart croyaient travailler ainsi au bonheur futur dans l'au-delà, dans un séjour où les « bienheureux » ne connaissent plus, comme après la pauvre joie relative d'ici-bas, la déception, le désespoir et le deuil.

CHAPITRE II

L'ASCÉTISME ET LE BONHEUR

Historiquement et logiquement, quelle que soit, d'une part, la physionomie des premiers et purs épicuriens, qui ont vécu selon les principes sévères, circonspects, du maître et, de l'autre, celle des jouisseurs effrénés qui ont fait, par une excessive généralisation, la mauvaise renommée de la secte, l'épicurisme pourra être considéré comme la doctrine opposée à l'ascétisme.

En admettant un certain épanouissement nécessaire de nos instincts et de nos besoins, quitte à les réfréner par des moyens plus ou moins efficaces, il deviendra aisément une doctrine de pensée libre, hostile à toute métaphysique, favorable au progrès social.

Au contraire, l'ascétisme, sous ses formes variées, malgré la magnificence d'un idéal terrible, la beauté possible de la résignation, du renoncement, est une doctrine de stagnation et de mort.

Parallèle à la morale du devoir, l'ascétisme s'oppose à celle qui procède de la nature, qui admet le développement des principes naturels ; il prescrit le sacrifice, l'anéantissement du sensible. Ne l'envisageons pas d'abord comme quelque chose de pathologique : une manifestation de la pensée, alors même qu'elle s'efforce de nier cette pensée, est beaucoup plus qu'un thème à vulgaires déclamations ; elle a une raison d'être.

Pourquoi détruire la nature et comment? Nous ne sommes pas sans doute en présence, ici, d'un système édifié par des penseurs qui suivent une tradition jointe à une logique particulière. Il est la conclusion d'une philosophie que l'on peut construire avec des matériaux épars, dont on doit rechercher le principe réel, en faisant abstraction du temps, du lieu, des circonstances. Ainsi il sera possible d'énoncer l'idée fondamentale qui l'anime.

A l'état latent dans les lamentations d'un Job, il est net, caractérisé, dans les anciennes croyances de la Chine et de l'Inde.

Il est inséparable de cette réforme morale et religieuse qui fut le pythagorisme.

Si c'est une faute grossière, un contre-sens d'attribuer réellement de l'ascétisme aux Grecs, en général, et en particulier à Socrate, ce personnage doué d'une vie si intense, si rayonnante, si puissamment intellectuelle que la raison, chez lui, supplée à l'amour, nous le concevons comme un des moments de la morale de Platon, élève de Pythagore à certains égards. Platon n'a-t-il pas appelé le corps un sépulcre ?

Les tendances ascétiques s'affirment dans les systèmes qui, éclos parmi la discorde et le désordre, recherchent la paix de l'âme pour le Sage. Elles préconisent l'absence des passions d'où naissent les douleurs.

Tel est le relâchement épicurien qui, malgré la base de l'hédonisme, s'apparente au stoïcisme décadent, aux doctrines du doute et de l'indifférence, au scepticisme désabusé, à l'abstention, à l'ataraxie de philosophes souvent trop raisonneurs encore pour être de vrais ascètes, et même à l'extase néo-platonicienne.

*
* *

Sur la mystérieuse terre d'Orient offerte à la lumière crue du soleil, l'ascétisme germe comme une plante vivace des torrides régions.

Le ciel d'Asie abrite les rêveries d'hommes généralement moins actifs que les Européens.

Ils sont plus aptes à la contemplation, au reploiement sur soi-même et par là je n'entends point l'analyse du moi qui nécessite l'effort intellectuel, la volonté, mais la songerie vague, l'inconscience béate ou même la stagnation totale de l'esprit.

Il est donc naturel de voir fleurir l'ascétisme en Chine. Non pas chez Confucius, ce législateur, ce moraliste avisé dont les maximes font penser à celles des Gnomiques et des petits Socratiques, encore qu'elles tendent parfois à une religion d'amour et de mystique fraternité, mais chez Lao-Tseu.

Le *Livre de la Voie et de la Vertu* nous présente la théorie même de l'ascétisme.

Ecoutons, en effet, Lao-Tseu : « Le sage fait consister son étude dans l'absence de toute étude ».

Ainsi, la science est vaine. Repoussons-la de toutes nos forces. Il faut nous concentrer, nous réunir sans attachement extérieur : « Celui qui s'attache à une chose la perd. Le saint ne s'attache à rien ; c'est pourquoi il ne perd point ».

Quel est donc le but à se proposer ? Faire le vide complet dans notre être. Par là, nous arrivons au repos, car « le saint fait son occupation du non-agir ». Tel est bien l'ascétisme avec ses dogmes essentiels : le dédain de la science, la suppression de toute activité, de toute sensibilité, et ses conséquences nécessaires : l'isolement, l'égoïsme.

Lao-Tseu déclare, d'ailleurs, sans voiler sa pensée par d'inutiles métaphores que « le saint n'a pas d'affection particulière, il regarde le peuple entier comme le chien de paille du sacrifice ». Et rien n'est plus logique au fond.

C'est à Patandjali, fondateur d'un mysticisme qui aboutit à l'extase et fournit les moyens pratiques pour obtenir la contemplation pure, qu'il faut rattacher le Bhagavad-Gita.

On connaît le thème curieux de cette sorte d'épopée nationale, sa poésie éblouissante. Elle s'associe à une prédication. Elle la vivifie. Celle-ci : L'être en soi est supérieur à la pensée, la contemplation à l'emploi de la raison. Dans l'ordre moral, l'inaction, l'inaction absolue, sera préférable à l'action. « Comme le feu naturel réduit le bois en cendres, ainsi le feu de la vraie sagesse consume toute action.» Les épithètes les plus somptueuses ou les plus ingénieuses ne manquent pas pour désigner le parfait état du sage suivant le Bhagavad-Gita. Délivré de tout souci, le vrai dévot est « comme une lampe solitaire qui brûle tranquillement à l'abri de toute agitation de l'air ». Le vrai dévot se recueille, se compulse, s'abstrait, et la comparaison est aussi conforme à l'esprit général de l'ascétisme qu'elle est pittoresque, « comme une tortue qui se retire en elle-même ».

Cakya-Mouni, surnommé le Bouddha, fonde l'ascétisme indien le plus pur, le plus philosophique, le plus conséquent avec lui-même, puisque les incantations et tout l'appareil des formules magiques sont postérieurs.

Vers 600 ans avant Jésus-Christ, l'autre divin apôtre des rêves azurés et glorieux qui berceront le genre humain, un prince indien, Sieddhârta, dit Cakya-Mouni, se fait ascète et prêche les « vérités sublimes ». Par l'enchaînement des douze Causes, il établit que la vie mobile crée de toute nécessité la douleur. Nous

attribuons aux choses du monde la durée et la réalité.
Or, l'existence du monde est une illusion. L'histoire
de la pensée a prouvé la valeur de cette thèse. D'autre
part, le désir est la cause de la douleur.

Cakya-Mouni sut illustrer ce thème par une poésie
intense et poignante, par un luxe de métaphores mer-
veilleuses dont l'audace ne rabaisse pas la portée dramatique. « Les qualités du désir qui ont pour com-
pagnes éternelles la crainte et la misère, proclamait le
Bouddha, sont les racines des souffrances, plus redoutables que la feuille de l'arbre vénéneux ou le tranchant
de l'épée. Ainsi qu'une image réfléchie, qu'un écho,
que l'éblouissement, le vertige de la danse, ainsi que
le songe et le mirage, elles sont remplies d'erreurs,
vides comme l'écume de la bulle d'eau.»

Mais Cakya-Mouni ne s'arrêta pas à ce pessimisme
si pathétique. On peut mettre un terme à l'illusion de
l'existence et à la douleur, fille du désir. Comment ?
Par le nirvâna. Tel est le grand remède. Il ne s'agit pas
de l'absorption d'une âme individuelle au sein d'un
Dieu universel. La voie de la délivrance est dans
l'anéantissement complet du principe pensant.

Cette prédication s'animait d'un admirable esprit de
fraternité pieuse, d'un sentiment profond, ardent, de
l'égalité humaine.

En plein dix-neuvième siècle, Arthur Schopenhauer
dénonce les erreurs fondamentales de Kant dans la
Critique de la Raison Pratique, s'acharne, mais en

vain, contre les hégéliens ; après avoir fui une épidémie
et connu, comme l'illustre Descartes, la mésaventure
d'être père d'un enfant naturel, il devient, lui aussi, disciple de Bouddha.

Le monde, ma représentation, n'est qu'une illusion.
La volonté de vivre ne nous conduit qu'à la douleur.
Il faut substituer à l'absurde loi du devoir la pitié envers
tous ceux qui souffrent.

Ainsi le grand métaphysicien panthéiste, l'agressif
Méphistophélès de l'hôtel du Commerce à Francfort,
muni heureusement de quelques rentes, achève sa doctrine pessimiste et ascétique en reprenant les thèmes du
Bhagavad-Gita : il les a développés avec autant de brio
lugubre qu'il a disserté avec complaisance sur les
plus amères vérités chères à nos plus sardoniques
écrivains.

De même que le prince indien, en route vers les
voluptés de la vie, s'arrête devant le hideux spectacle des misères terrestres et prêche le renoncement
pour lui-même et pour tous, le philosophe grec Epicure constate que les plaisirs ont un cortège affreux de
douleurs et il indique à ses amis la voie du salut dans
l'absence de peines, dans un plaisir restreint et réduit, négatif, afin de soulager leurs tourments.

Mais n'y a-t-il pas, entre cette sympathie commi-
sérative dans l'ataraxie, le nirvâna que préconise Schopenhauer et la véritable mission de fraternité humaine
et divine, une sorte de contradiction ?

Qui donc a le droit de déserter le champ de bataille et d'enseigner à autrui la désertion ? Le véritable courage n'est-il pas d'affronter la vie en enseignant le beau risque à courir, en ne renonçant ni pour soi, ni pour les autres, à aucune des joies et à aucune des peines que nous réserve notre état de Dieu tombé, de Roi dépossédé ?...

*
* *

« Il faut mettre en parallèle, disait naguère J-K. Huys-mans, l'ascétique occidentale, pleine de cris et de crises (celle de Madeleine de Pazzi et d'Angèle de Fo-ligno, tout à fait mystique au fond), et la leur, calme et confiante, dans une pratique de vie terrible. »

Il est exact que ces gens-là savaient terriblement détourner l'orage des voluptés et des vicissitudes. Pour ne pas souffrir, ils souffraient d'une manière farouche. Pour s'évader du réel, ils travaillaient rudement à la conquête de leur idéal.

D'après Pélage, diacre de l'Eglise de Rome, saint Antoine disait : Celui qui demeure au repos dans la solitude se met à couvert de trois dangereux ennemis, l'ouïe, la parole et la vue, et il ne lui reste à combattre que les mouvements de son cœur.

En effet, la solitude est propice, sinon indispensable à l'ascétisme, savoir à la lutte contre l'intelligence et la sensibilité.

Dans la lettre qu'il adresse à Héliodore pour l'exhorter à la vie solitaire, saint Hiérosme se compare non pas au pilote ignorant la fureur des flots, mais au naufragé. D'une voix tremblante, il avertit ceux qui sont prêts à s'embarquer de se préserver des périls. L'impudicité, c'est Charybde et le plaisir sensuel Scylla.

Qu'on ne s'y méprenne point : il n'est pas seulement question d'éteindre ce que Bourdaloue appelait les honteuses passions. Il ne s'agit pas, quoi que puissent dire certains commentateurs mystiques, d'affaiblir le corps pour augmenter les forces de l'âme.

Il faut se diminuer, s'amoindrir physiquement et moralement. Voilà le but que poursuit avec une sorte de rage calme le Père du Désert.

Donc, c'est un solitaire. Hors de la solitude, déclare Athanase, il est « comme un poisson hors de l'eau ».

Il vit dans le silence. Saint Macaire affirme qu'il importe de mettre un frein à la langue comme au manger. Saint Théon l'anachorète ne prononce pas un mot pendant trente ans.

L'histoire de saint Salaman, d'après Théodoret, est concluante à cet égard. L'excellent saint s'était fait construire une maison au bord de l'Euphrate. Il boucha fort soigneusement les portes et les fenêtres. En une fois il recevait par un trou ce qui lui était nécessaire pour toute l'année. Or, l'évêque d'une ville située sur la rive opposée, connaissant les vertus du saint, résolut de le faire prêtre. Le prélat réussit à pénétrer dans l'habitation par une ouverture. Il parla devant Salaman des grâces dont Dieu le favorisait, mais il dut partir sans avoir tiré un seul mot du saint et clore l'ouverture.

Les habitants de son pays natal enlèvent Salaman sans qu'il témoigne y consentir ou non. On lui bâtit un logis semblable au sien. Il garde le silence. Mais les habitants de l'autre ville viennent à leur tour, le replacent dans son ancienne demeure. Il garde encore et toujours le silence.

Aussi bien, la parole n'est-elle pas un signe de la pensée, de l'activité? La lutte contre la faim, le sommeil est également nécessaire.

Saint Paul, le premier Ermite, dont saint Hiérosme raconte l'existence, demeure dans la solitude où il vit d'un palmier. Cela est possible, assure le biographe en citant l'exemple d'un ascète qui habita une vieille citerne où il se nourrissait de cinq figues par jour. C'est ce saint Paul, initiateur de la vie solitaire, que saint Antoine cherche dans le désert et qu'il trouve enfin, le corps flétri de vieillesse, les cheveux blancs tout couverts de crasse. Ils causèrent, paraît-il, de l'extrême bonheur d'être déchargé du fardeau ennuyeux de la chair.

Rufin nous raconte sur saint Macaire des choses à peine croyables. Je cite avec exactitude : il se tenait

debout sans s'asseoir, — rien de plus précis, — sans
s'appuyer sur quoi que ce fût, sans manger un seul
morceau de pain, sans boire une goutte d'eau. Le di-
manche, il prenait quelques feuilles de chou toutes
crues afin de faire croire qu'il mangeait et de ne pas
entrer dans une opinion présomptueuse de soi-même.
Il n'ouvrait pas la bouche et joignait à cet extérieur
silence le silence du cœur. Les plus austères constatent
que « c'est un homme qui vit comme s'il était sans
chair et sans os ».

Il habitait une cellule absolument obscure et si petite qu'il ne pouvait s'étendre tout de son long. Ce
saint était de taille peu élevée, délicat. Il n'avait de la
barbe qu'aux lèvres, très peu sur celles d'en haut ; ses
extrêmes austérités empêchèrent qu'il ne lui en vînt au
menton. Durant soixante ans, il ne cracha pas une
seule fois.

C'est encore un saint Macaire qui, pour s'apprendre
à dompter la faim, avait imaginé d'enfoncer du pain
dans un vase au col très rétréci ; il ne s'alimentait
qu'à l'aide de miettes qu'il parvenait à retirer avec ses
doigts.

La vie de saint Hilarion, narrée par saint Hiérosme,
contient de précieux et piquants renseignements.

Saint Hilarion vit dans le désert, couvert d'un sac.
Il mange quinze figues par jour après que le soleil est
couché. Et quand son estomac a l'audace de lui faire
des remontrances, il le meurtrit de coups en disant :

« Malheureux animal, je t'empêcherai bien de regimber ». Aussi son corps, observe l'ingénu biographe, devint atténué de telle sorte qu'à peine sa peau tenait encore à ses os.

Il se bâtit une cabane avec du jonc et des herbes marécageuses, puis une cellule large de quatre pieds et haute de cinq, plus basse que lui, mais un peu plus longue qu'il n'est besoin pour son petit corps. — Il ne se coupe les cheveux qu'une fois par an, le jour de Pâques. — Jusqu'à la mort, il couche sur la terre dure. Ajoutons qu'il ne lava jamais le sac dont il s'était revêtu.

De vingt à vingt-et-un ans, il ne mange qu'un peu de lentilles trempées dans de l'eau froide. — De vingt-et-un ans à vingt-sept, du pain avec du sel et de l'eau. — De vingt-sept à trente, des herbes sauvages et les racines crues de quelques arbrisseaux. De trente-et-un à trente-trois, et ici je tiens à laisser la parole au biographe lui-même, « il n'eut pour viande que six onces de pain d'orge et un peu d'herbes cuites sans huile » ! Et encore il supprime le pain peu à peu. Mais, voyant que son corps s'atténue, de soixante-quatre à quatre-vingts ans, il se confectionne un breuvage avec de la farine et quelques herbes hachées : son boire et son manger pèsent à peine cinq onces.

Saint Arsène, lui, en voulait autant au sommeil qu'au ventre. Il passait ses nuits sans dormir et, comme on doit se reposer un peu pour satisfaire à l'in-

firmité de la nature, lorsque le jour approchait, il disait : « Viens ici, mauvais serviteur », puis, ayant
comme à la dérobée un peu dormi tout assis, il se le-
vait incontinent. Ce saint ne voulait voir personne.
Un solitaire étant venu, il se jette le visage contre terre
et l'autre le priant de se relever, il répond : « Je ne
me lèverai pas avant que vous ne soyez parti ». Aussi,
quand il mourut, l'abbé Poémen le félicita de *s'être
pleuré* pendant cette vie.

Saint Dorothée Thébain demeurait dans une caverne
depuis soixante ans quand Pallade, évêque d'Héléno-
polis et son biographe, apprit à le connaître. Pallade
ne l'a jamais vu ni étendre les pieds, ni se mettre sur
le lit pour dormir. Il passait ses nuits à faire des
cordes avec de l'essence de palmier. Le pain lui tom-
bait de la bouche tant il était accablé de l'envie de
dormir. Pendant la chaleur du midi, il ramassait des
pierres dans le désert. « A quoi pensez-vous, lui dit-on,
de tuer ainsi votre corps par des températures insup-
portables? » Et il répondit : « Je veux le tuer, puisqu'il me tue ».

Se supprimer, tel est bien l'idéal du père du désert.
Donc, il ne se contente pas de s'abstenir, il se mor-
tifie.

Rappelons-nous les particularités les plus originales et les plus saisissantes de l'existence, d'ailleurs
plus illustre, de saint Siméon Stylite.

En morale, les théories, les systèmes ne suffisent

pas ; pour se prononcer en connaissance de cause, il est essentiel de s'adresser aux hommes eux-mêmes.

Malgré nos préventions ou nos raisons, ce saint Siméon Stylite nous désarme par son air de candeur dans la brutalité de son ascétisme. Et, précisément, l'ascétisme est le contraire de la civilisation.

A treize ans, dit saint Antoine, son disciple, qui écrit sa vie sans craindre de révéler des détails intimes, Siméon entre au monastère de saint Timothée. Il se fait remarquer par l'austérité des mœurs, la rigueur des abstinences.

Un jour, il va puiser de l'eau ; soudain, une idée s'empare de lui. Il s'entoure de la corde du puits et, paisiblement, conte qu'il n'y en a point. Or, voici : cette corde ayant pénétré dans son corps de telle manière qu'elle le sciait jusqu'aux os et qu'on la voyait à peine, elle lui pourrit toute la chair. Il en sortait une extraordinaire puanteur, des vers tombaient quand il marchait. L'abbé fut prévenu et l'on eut beaucoup de mal à le guérir.

Une autre fois, c'est dans un puits sec qu'il se réfugie et d'où Timothée, heureusement averti par deux visions, le retire.

Puis, Siméon vécut pendant trois années dans une petite cellule et plusieurs autres sur une colonne d'où il ne bougeait point. C'est là que le diable, durant la rigueur du froid, lui fit venir un ulcère à la cuisse qui pourrit de telle façon qu'il en sortait quantité de vers, lesquels tombaient sur ses pieds et de ses pieds sur la colonne, et de la colonne à la terre où ils avaient, assure-t-on, le privilège de se métamorphoser en perles.

Siméon mourut sur une colonne haute de quarante coudées. En fait, depuis longtemps, il avait cessé d'exister.

A ces pratiques s'unissent, chez les Pères du Désert, le dédain du savoir, de tout savoir, l'humilité poussée jusqu'à l'amour de la contrainte, jusqu'à l'entier anéantissement de la personnalité.

C'est la traduction, quant au moral, de ces habitudes physiques. On ne souffre, nous dit Rufin dans son troisième livre de *La Vie des Pères*, que lorsqu'on agit par son vouloir. Un anachorète demeurait dans une caverne près d'un monastère. Des frères le contraignirent à manger à une heure qui ne lui était pas ordinaire. Ils lui demandèrent ensuite : « N'avez-vous pas eu de peine, mon Père, d'avoir mangé contre votre coutume ? — Nullement, répliqua-t-il, car rien ne me peine, sauf lorsque j'agis par ma propre volonté. »

*
* *

En présence des ascètes du Désert, il n'y a pas lieu d'analyser des idées, de suivre des raisonnements. Ils ne se livrent en aucune façon à la dialectique, à la furie de l'argumentation et de la controverse. Ils ne cherchent pas à penser, ils ne pensent pas.

Ils se labourent, se réduisent, se détruisent, s'annihilent. N'être que des points aussi minuscules que possible dans l'espace et le temps, telle est leur ambition.

Est-ce prudence, comme chez le pur épicurien, qui, parti cependant de l'idée du plaisir, se rend compte bientôt qu'un plaisir stable est impossible si l'on vit conformément aux besoins des sens, à l'intelligence et à la volonté ?

Ne vaut-il pas mieux se servir de cette volonté, comme le philosophe grec, pour éviter la douleur, supprimer les exigences de la chair, ne pas répondre aux appels du cœur et de l'esprit ?

Les Pères du Désert ont compris, eux aussi, l'impossibilité du bonheur : ils évitent les joies de la terre pour éviter les peines. Ils s'efforcent de tuer non seulement les passions, mais la moindre espèce de désir, comme ils fuient la mêlée des désirs humains, des passions humaines.

Quel que soit le degré de relâchement auquel ils se complaisent, il faut pourtant reconnaître en eux des êtres tourmentés du mal de la perfection et de l'infini.

Considérés de ce point de vue, ils ont leur grandeur. Ayant l'intuition de l'infirmité de notre nature physique et morale, ils concluent que l'absolu n'a rien de commun avec cette double nature.

Nous nous rappelons maintenant la parole de l'apôtre : « Et il est écrit : j'abolirai la sagesse des sages et la science des intelligents ». Le dédain des connaissances rationnelles, les mortifications et les persécutions, la conscience de sa faiblesse, n'est-ce pas, en effet, une partie essentielle de l'enseignement des apôtres ?

N'est-ce pas le fond même du christianisme qui, s'il ne devient pas une politique, garde aisément sa portée anti-scientifique et anti-sociale ?

Lisez saint Paul. Voyez ses diatribes contre l'œuvre de chair, contre les tentatives pour constituer une science du monde sensible.

Les aphorismes de l'*Imitation* auxquels, même lorsqu'on a perdu la foi, on demeure tenté de confier son angoisse, nous hantent de nouveau.

Nous évoquons encore les saints, les saintes qui faisaient profession de soumettre leurs corps aux plus atroces géhennes, qui s'y vouaient avec délices afin de s'abimer en Dieu : ce Pierre Monoculus qui, à force de pleurer par esprit de pénitence, perd un œil et dit : « J'avais deux ennemis, j'ai échappé au premier ; celui que je garde m'inquiète plus que celui que j'ai perdu », — cette Passidée de Sienne qui se fustige à tour de bras avec des branches de genièvre ou de houx, inonde ses blessures de vinaigre, les saupoudre de sel, qui rompt la glace d'un tonneau pour s'y plonger, qui couche sur des tessons de verre et s'asphyxie à moitié en se faisant pendre, tête en bas, au tuyau d'une cheminée où l'on allume de la paille.

Or, tous ces exemples ne nous autorisent-ils pas à confondre l'ascétisme avec la mystique, ou, d'une façon plus générale, avec l'esprit religieux ?

L'ascète de l'Inde, qui pratique le système préconisé par le Bhagavad-Gita, le yogui est mouni, c'est-à-dire solitaire, et sannyasi, c'est-à-dire vainqueur de toute affection. Yoga, précisément, signifie union, et Union avec Dieu. En Dieu le dévot parvient à l'anéantissement.

Les Pères du Désert sont des ascètes, mais aussi des saints. Ils vivent dans l'oraison. Beaucoup, paraît-il, font des miracles. Ils ont été nourris du verbe divin. Ils possèdent la réconfortante espérance des béatitudes infinies de l'au delà. Bref, leur ascétisme a des raisons profondes dans la foi.

Si l'on tente l'explication psychologique de son cas, ne doit-on pas croire, en lui appliquant l'ingénieuse théorie associationniste du plus célèbre utilitariste moderne sur le bien et la vertu, que l'ascète finit par ne plus distinguer le moyen et le but, comme l'avare finit par aimer l'or non plus pour les jouissances qu'il procure, mais pour lui-même ?

D'autre part, il est aisé de découvrir dans la mystique une démarche active de l'intelligence afin de passer, par exemple, de la vie Purgative à la vie Illuminative, et de celle-ci à la Vie Unitive, de joindre le bien incréé.

Elle contient aussi, en maintes circonstances, cette piété douce, cette délicieuse charité qui font la gloire de l'évangélisme véritable.

Rien de cela chez l'ascète.

Qu'il soit le fakir qui s'abime en prononçant : oua, omm, omm, ou le Père du Désert qui se ravage, ne mange plus, ne dort plus, ne pense plus, ne veut plus, rien, chez un tel être, ne subsiste d'humain.

L'ascète qui refuse de secourir son semblable est d'accord avec lui-même.

Qu'importe que Schopenhauer recommande la bonté, la pitié, si par sa métaphysique et sa morale il aboutit au nirvâna, au néant ?

Il est des jours où nous sommes las des amours fragiles, des pauvres haines, de tous les désirs inassouvis, où nous succombons sous le poids des regrets, des remords, de tous nos deuils pleins de larmes secrètes après les splendides espérances défuntes.

Alors nous rêvons à la mort, ou, du moins, à une espèce d'anesthésie. Alors l'ascétisme apparaît comme un refuge contre la satiété ou le désespoir, dans la pénitence ou l'oubli ; c'est un remède négatif dans le découragement et l'aveulissement.

Il est cruel pour les âmes hautes d'être condamnées à l'imperfection, au relatif, avec la soif de l'infini et de l'absolu.

Est-ce une raison pour supprimer notre nature, si infirme qu'elle soit, sans essayer de la parfaire ?

Ne faut-il par choisir entre les doctrines d'ascétisme qui mènent à la diminution, à la stagnation, à la négation de l'individu et de la société, et les doctrines de ceux qu'on a appelés à tort ou à raison les « épicuriens », qui ont dû s'éloigner de la théologie, de l'idéalisme stérile pour s'attacher au progrès dans le développement et le déploiement de l'être, dans l'effort du moi pour s'élargir solidairement avec les autres « moi » ?

Malgré la profondeur de notre amertume ou de notre deuil, faut-il dire avec Lao-Tseu, et cette proposition résume assez bien les tendances ascétiques de tous les temps et de tous les pays : « Ce que je crains le plus, c'est d'agir » ?

Si la sagesse, comme l'a constaté Spinoza, n'est pas une méditation de la mort, mais de la vie, si ma vie ne peut être indépendante de celle de la terre, des choses et des hommes, si je deviens meilleur lorsque je sens palpiter dans ma poitrine, dans mon cerveau, dans tout mon être, une humanité plus ardente, ne faut-il pas dire au contraire : « Ce que je crains le plus, c'est de ne pas agir, c'est de ne plus agir » ?

CHAPITRE III

L'ÉGOISME ET LA MORALE CYNIQUE

Qu'est-ce donc, à partir du xviie siècle, qu'un de ces épicuriens si aisément discrédités dans une société bien pensante où il est dangereux de ne pas s'en tenir à une philosophie officielle et conventionnelle, à la morale de la tradition ?

Pour le vulgaire, c'est un homme qui suit ses penchants, qui, même s'il se donne les apparences de l' « honnête homme », est plus ou moins un esprit fort, un libertin, un de ces mécréants que tôt ou tard le feu du ciel atteindra comme Don Juan, épicurien notoire et voluptueux insatiable. Il est vrai que le feu de la terre, allumé par les bourreaux de la pensée libre, avait châtié à Toulouse, en 1619, le philosophe Vanini accusé d'épicurisme et d'athéisme. Cette accusation se renouvelle sans cesse contre les penseurs qui s'efforceront, à l'aide des éléments fournis par la nature et la société, de construire une science du bonheur humain.

Le parti des libertins n'était sans doute pas à négliger puisque La Bruyère se voit, à son tour, dans l'obligation de dénoncer les esprits forts et que Pascal, ami du Chevalier de Méré et de quelques seigneurs de bonne compagnie qui ne dédaignaient pas tout à fait les plaisirs, veut convaincre les impies et doit tenir compte de leurs arguments, comme il tient compte de notre faiblesse en faisant appel, dans le fameux pari, à notre intérêt, à nos tendances épicuriennes et utilitaires.

C'est encore le moi « haïssable » qu'il s'agit de purifier avec l'aide de Dieu et de mener à la voie du salut.

Il y a, d'ailleurs, historiquement et philosophiquement, une école épicurienne dont le maître est Gassendi, admirateur enthousiaste du philosophe grec, qui oppose à l'innéisme de Descartes le sensualisme et ne craint pas d'expliquer comment le mérite de nos vertus et de nos actions se mesure d'après le principe de la volupté qui est le bien suprême.

Chez les philosophes du xviii⁰ siècle, surtout, l'empirisme se joindra au goût de la science créatrice du progrès et aux tendances humanitaires. Déjà, pour Épicure, la science qui nous aide à découvrir les vraies causes est la source de notre affranchissement en nous débarrassant de l'épouvante due à la tyrannie des superstitions.

Cependant, Guyau a fort bien montré que l'influence de Hobbes est importante à considérer. Or, nous savons que sa psychologie empirique, établie d'ailleurs géométriquement, s'accompagne d'une vaste doctrine politique et sociale. Je n'ai pas à examiner ici le théoricien du *De Cive* et du *Leviathan* et sa conception de la monarchie absolue dont les fabricants de systèmes pangermaniques se sont trop bien servi.

Mais il convient de s'arrêter sur les principes psychologiques et moraux que ce puissant écrivain n'a pas manqué de développer avec une singulière hardiesse épicurienne.

*
* *

« Que Locke me paraît diffus et lâche, s'écriait Diderot, après avoir lu le traité de la *Nature Humaine*, La Bruyère et La Rochefoucauld pauvres et petits en comparaison de ce Thomas Hobbes ! » C'est là que nous trouvons, en effet, la première forte généalogie des passions. Avec l'admirable troisième livre de l'*Ethique*, elle inspirera les nombreux écrivains préoccupés d'établir les principes de nos actions. L'homme n'est pas cet animal sociable dont Aristote avait donné la confiante définition. Hanté par l'idée du péché, l'utopiste et piétiste Jean-Jacques Rousseau nous le montrera déformé par une civilisation malsaine. Déjà les premiers épicuriens ne voulaient pas se faire d'illusions sur les aptitudes primitives de ces êtres qu'on devait considérer d'abord comme toujours prêts à se dévorer entre eux. C'était déjà le fameux aphorisme que l'on ne manque jamais de prêter à Hobbes : «L'homme est un loup pour l'homme» et que, pourtant, ce véhément contempteur de notre nature rehausse en ajoutant tout de suite, dans une préface adressée au Duc de Devonshire, que l'homme est aussi un dieu pour l'homme. Soucieux d'organiser la religion dans un Etat bien policé, mais dépourvu lui-même de mysticité, Hobbes n'insistera pas sur ce caractère divin et gardera dans ses analyses toute sa volonté de réalisme.

Sa conception générale est celle du mouvement venant du dehors et atteignant le cerveau, il crée la sensation d'où naîtra l'image, l'idée. Il est entendu que Hobbes, comme Epicure et les grands utilitaristes, est un sensualiste et qu'il oppose à tout vague intuitionnisme la valeur de l'expérience.

Si le mouvement, au lieu de s'arrêter à la substance cérébrale et de revenir aux nerfs, a poursuivi son chemin et s'est prolongé jusqu'au cœur, il est évident qu'il va favoriser ou contrarier le mouvement vital : voilà l'origine des phénomènes affectifs, le plaisir ou la douleur, l'un qui aide la vie, l'autre qui lui est hostile.

Si l'on regarde le plaisir par rapport à l'objet qui le provoque, nous avons la notion de l'amour, et, dans le cas opposé, celle de la haine. D'autre part, la tendance à nous approcher ou à nous écarter de cet objet sera dénommée l'appétit, le désir ou l'aversion.

Ainsi se trouve fixée dans le traité de la *Nature Humaine* l'origine de nos conceptions et imaginations, comme celle de nos passions. Immédiatement nous avons reconnu le plaisir, ou contentement, ou bien-être, comme seuls capables de stimuler la vie. Nous savons que certaines choses nous seront agréables, délicieuses ou non. Agissant contre la douleur, le désir sera la base de toutes nos actions ; la volonté elle-même ne sera qu'un dernier désir ou une dernière crainte relativement au déplaisir que l'on attend.

Les diverses passions naissent du désir qui accompagne la force de la vitalité dans chaque être ; ce sont les mouvements vitaux qui produisent, dans leur variété, les phénomènes affectifs.

D'après Hobbes, comme d'après Epicure, il n'y a pas de bien ni de mal en soi. Il y a ce qui nous plaît, qui est l'objet de notre appétit, et ce qui nous répugne, qui est l'objet de notre aversion.

Cette proposition résume, semble-t-il, ce qu'il y a de plus cynique dans l'épicurisme sous ses formes variées, depuis le maître antique dont l'enseignement doit pacifier les esprits et les conduire au bonheur possible, depuis l'âpre intellectualiste qui, partant de la mêlée des forces individuelles et des désirs, c'est-à-dire de l'état de guerre, veut nous conduire à la paix imposée par la force du *Leviathan* jusqu'aux modernes théoriciens des éthiques naturalistes qui s'efforcent de faire la part des appétitions acquises par l'individu et la race.

Cependant Spinoza nous enseigne aussi, au livre IV de l'*Ethique*, que le bien et le mal sont relatifs à nos désirs comme la perfection et l'imperfection le sont à notre pensée. Donc pas de bien absolu. Ce Juif panthéiste et mystique, exclu de la synagogue, qui veut réformer notre entendement et nous faire comprendre l'ordre nécessaire des choses en les considérant sous l'aspect de l'éternité, est aussi un utilitaire !

Le désir, par lequel se manifeste notre égoïsme, est ce qu'il appelle la tendance de l'être à persévérer dans son être, et comment concevoir que l'on conserve son être « à cause d'une autre chose que soi-même » ?

Le bien revient donc à ce que nous savons nous être utile, et l'utile produit la joie causée par la satisfaction du désir, il est lié à l'idée du succès qui s'accompagne du pouvoir de conserver son être, de la puissance, et « tout cela d'après la règle de l'intérêt propre à chacun ».

Nous voilà revenus à Hobbes qui définit à merveille, bien avant Nietzsche, la volonté de la puissance et du succès.

D'après Hobbes, quiconque est dans l'attente d'un plaisir doit concevoir qu'il y a en lui-même quelque pouvoir qui lui permet de l'atteindre.

C'est avec ces éléments que Hobbes, comme Spinoza, comme La Rochefoucauld, comme Helvetius, comme les psychologues utilitaires et « cyniques » de notre temps et de tous les temps, compose ou plutôt recompose nos passions.

Pour concevoir l'épicurisme moderne, il faut suivre Hobbes dans ses âpres déductions, de même que l'on suivra Nietzsche dans ses aphorismes du gai savoir et ses visions apocalyptiques des héros dominateurs.

Attachés à leur Convervation, les hommes aspirent sans cesse à la puissance. On tend à une joie plus grande ou, tout au moins, au maintien de celle qu'on possède, qu'on veut s'assurer de plus en plus.

Alors, quelle course aux jouissances, aux avantages, aux richesses, aux faveurs, aux honneurs dûs à la supériorité des pouvoirs !

Combien « honorables », c'est-à-dire provoquant de la part de nos semblables les marques et témoignages qui servent à nous honorer, seront comparativement nos excès d'avantages par la force du corps qui donne la victoire, la beauté unie au pouvoir générateur, la bonne fortune, l'autorité, la noblesse, signe de pouvoir chez nos ancêtres, et tant d'autres *biens* !

Voici la gloire produite par l'imagination ou la conception de notre pouvoir propre. Comme il nous est doux ! Pourquoi ? Parce que nous le jugeons supérieur « au pouvoir de celui avec lequel nous nous disputons ou nous comparons ».

Voici le repentir, passion produite par l'opinion ou la connaissance qu'une action commise par nous n'est pas propre à nous conduire au but proposé. D'où son effet qui est de nous faire quitter la route suivie afin d'en prendre une autre menant à la fin qu'on s'est proposée.

Ah ! je conçois que l'on puisse manquer de courage en s'attachant à ces analyses et à ces définitions qui risquent de tuer le rêve, qui nous ramènent brutalement des régions éthérées, des splendeurs de l'idéal, des parfums adorables de la mysticité à la cruauté des êtres et des choses réels, tels qu'ils sont... tels que nous ne voudrions pas qu'ils fussent.

Continuons. Rien de plus impitoyable que cette définition de la pitié, « l'imagination ou la fiction d'un malheur futur pour nous-mêmes, affirme Hobbes, produite par le sentiment du malheur d'un autre ».

De même que son ami Galilée a énoncé les vérités de la nature physique sans s'effrayer et uniquement parce que ce sont des vérités, Hobbes, qui réduit d'ailleurs la nature morale au mouvement, formule sans s'émouvoir le pourquoi et le comment de la bienveillance ou charité. Un homme, dit-il, ne peut avoir de plus grande preuve de son pouvoir qu'en se voyant capable non seulement d'accomplir ses propres désirs, mais encore d'assister les autres dans l'accomplissement des leurs.

Les sentiments les plus généreux, les plus fières

attitudes de l'esprit sont ramenés ainsi d'une façon systématique au désir et à l'instinct de conservation, au mouvement de la vie.

Mais toute la question est de savoir si cet égoïsme, bientôt associé à toutes sortes d'idées, à de nombreux faits de conscience, reste un pur égoïsme, s'il ne contient pas en lui-même, comme la cellule primitive qui se développe, quelque chose qui le dépasse.

On sait que cette théorie de l'égoïsme nécessaire chez l'homme à l'état de nature mène Thomas Hobbes à une conception morale et sociale assez peu flatteuse pour le genre humain. Qu'y a-t-il dans une assemblée de ces êtres réduits à un mécanisme, à un automatisme de force vitale, sinon des appétits, des intérêts, des vanités et par suite un état de guerre?

On sait aussi que, pour aboutir à l'état désirable de paix, Hobbes fait appel à la puissance d'un *État* capable de réfréner tous les instincts, toutes les passions. Quel est, d'après lui, le premier fondement du droit, sinon que chacun défende sa vie et ses membres de son mieux ? En l'état de la nature, l'utilité sert fatalement de mesure au droit.

Puisque le droit de tous à tout ne saurait être retenu, il faut que certains droits soient transférés ou abandonnés. D'où les pactes ; et nous arrivons à la conception d'un *État* despotique qui s'incarne en un souverain, car sous la domination d'un peuple il peut y avoir autant de Nérons que d'orateurs à flatter le peuple.

Je n'insiste pas sur cette conception du despotisme ; d'ailleurs, Hobbes semble vouloir la mitiger par le devoir du gouvernant qui tient en ce principe célèbre : « Le bien de tous est la loi suprême ».

Quel abus sera fait de ce principe si utile à l'état de siège !

D'autres philosophes ont fondé sur une psychologie et une éthique analogues une politique toute différente. Ils ne croiront pas que chaque particulier doive soumettre sa volonté à celui qui possède la puissance souveraine de l'Etat. Comment pourrait-il englober dans son égoïsme et son intérêt l'égoïsme et les intérêts de tous ? Si chacun a des besoins et des droits, la communauté peut assurer la sécurité aux citoyens et la paix désirable aux représentants de la nation : soumis à l'autorité des lois nées de l'intérêt commun, ils seront dans l'impossibilité d'abuser d'une force qui doit être au service de la collectivité.

A l'absolutisme de Hobbes Locke opposera une doctrine plus libérale.

Il en sera de même des grands écrivains utilitaires. L'auteur du *De Cive* et du *Leviathan*, spectateur de féroces luttes religieuses et politiques, élevait son épicurisme beaucoup plus haut qu'à la félicité du voluptueux ou même d'un philosophe délicat.

Les grands écrivains utilitaires du xviiie siècle, les Encyclopédistes, les physiocrates, auront surtout le souci fervent du bonheur public, du bien-être et du progrès dans la nation et l'humanité ; ils s'écarteront d'une théorie moyenâgeuse de l'Etat pour devenir les hardis champions des réformes administratives, politiques et sociales.

La Rochefoucauld, lui, ne se targue pas d'être un réformateur. Ce grand seigneur veut montrer qu'il n'est pas dupe de toutes les apparences. Auprès des dames dont il est amoureux et de quelques raffinés qui font les délices de l'Hôtel de Rambouillet, il s'applique à dire le vrai, à formuler le secret du cœur et de l'esprit.

Ce n'est plus seulement l'époque où le berger Céladon parcourait avec déliquescence quelques régions de la Carte du Tendre ; c'est le vaste domaine des passions terrestres qu'il s'agit d'explorer. Négligeant volontiers, comme on l'a remarqué, les grandes routes, La Rochefoucauld s'appliquera à en suivre obstinément tous les sentiers.

Ce duc qui avait fait la guerre, noué et dénoué l'intrigue, ce frondeur de marque savait parfaitement bien son monde.

Déjà le vieil Epicure s'était efforcé de prouver l'identité de l'intérêt avec ce qu'on appelle devoir et vertu.

Non sans une politesse réservée et très aristocratique, qui n'exclut pas quelque profonde mélancolie, La Rochefoucauld reste un maître exquis et parfois terrible dans l'art et la science de l'épicurisme.

« Tout le monde, observe l'auteur des *Maximes* dans un entretien avec le Chevalier de Méré, veut être heureux ; c'est le but où tendent toutes les actions de la vie. Je crois que dans la morale Sénèque était un hypocrite et Epicure était un saint. »

A son tour, et définitivement, La Rochefoucauld dénonce l'amour de soi-même et de tout pour soi, cet égoïsme fondamental qui est dans tous les états de la vie et dans toutes les conditions, qui vit partout et qui vit de tout. Jamais, jusqu'à la mort, cette chose épouvantable que l'on n'ose pas, comme le soleil, regarder en face, jamais le moi, même quand on pense qu'il quitte son plaisir, ne peut y renoncer, il ne fait que le suspendre et le changer.

Après Epicure, après Hobbes et Spinoza, avec Montaigne et Pascal, nous ne pouvons plus nous méprendre ; il ne peut rien y avoir de vague, de trouble et d'indéterminé comme ces notions de bien et de mal sur lesquelles les moralistes hypocrites ou naïfs, les hauts prédicateurs de vertus dissertent si aisément, avec tant de grandiloquence, avec le désir de paraître les archétypes de l'héroïsme « moral ».

Ayant aimé, haï, connu le règne dominateur du désir et de l'ambition, l'ayant découvert aussi chez les autres, même sous le masque de l'indifférence, de la dévotion et de l'humilité, cette vertu cependant si chrétienne, M. de La Rochefoucauld ferme la porte de son cabinet de travail à ses domestiques et, pour satisfaire à la mode comme aux exigences de son bel esprit, il s'installe dans son laboratoire élégant et subtil d'idées afin de démontrer que les vices entrent dans la composition des vertus comme les poisons dans la composition des remèdes.

Mais qu'est-ce donc, d'ailleurs, que les vices et les vertus? L'un des plus grands épicuriens de tous les temps, qui fut aussi un grand apôtre de la justice, Voltaire, admirateur de ce La Rochefoucauld, dont tout le monde sait par cœur les Maximes, n'a-t-il pas remarqué que l'amour-propre, sentiment naturel à chacun, instrument de notre conservation, n'est pas une « scélératesse »? Or, c'est lui qui est à la base de tout de qu'on appelle vice et vertu, suivant l'intérêt que l'on a sans doute à les dénommer ainsi.

Lorsqu'on fait l'analyse d'une substance complexe, on s'aperçoit souvent qu'un élément à peine discernable possède une action prépondérante.

La Rochefoucauld, à une époque où le moi subconscient, subliminal, n'était pas encore soupçonné, avant les perceptions insensibles de Leibnitz, excelle à déterminer la part des impulsions secrètes et nocturnes de l'âme. Il parvient à les isoler, à montrer leur rôle dans le mécanisme général de nos passions.

En outre, de même que Spinoza, il conçoit les différenciations produites par les idées, les sentiments

associés à celui qu'il considère et parvient à définir.

Nous partons donc de cet amour-propre tout-
puissant qui nous rend à jamais idolâtre de nous-
mêmes.

Il faut contempler sans émoi le flux et le reflux de
ces vagues, cette mer de l'égoïsme et de l'intérêt où
les fleuves des vertus se perdent inévitablement.

Que sommes-nous, sinon des séries ininterrompues
de passions qui se succèdent? La ruine de l'une con-
tribue à la naissance de l'autre.

Les individus les plus divers se ressemblent parce
qu'ils ont en commun cet amour-propre d'où naît
l'orgueil. La nature a eu l'amabilité de nous en
gratifier pour nous épargner la douleur de nos im-
perfections.

Y a-t-il du désintéressement dans la générosité ?
Non. Elle s'en sert pour aller plus vite à un plus grand
intérêt. Mais la magnanimité est un noble effort de
l'orgueil ? Assurément. Quel est son rôle, cependant ?
De rendre l'homme maître de lui-même pour le rendre
ensuite maître de toutes choses.

L'univers intellectuel et moral ne tardera pas à
nous sembler uniquement peuplé « de mines et de
masques». Oui ! Mais nous sommes au temps de la
Fronde. Que de fois ne l'a-t-on pas répété! La Rochefoucauld, ce parfait honnête homme, n'aurait pas demandé mieux que de jouer son rôle auprès des Riche-

lieu et des Mazarin et il essayera de s'en consoler assez mal en acceptant des titres et des charges. Et puis, il a des accès de goutte, et la goutte prédispose, dit-on, à la misanthropie. D'ailleurs, il finit par ne plus sourire à cette fameuse comédie humaine que d'autres, pour se consoler, essayent de peindre avec un pittoresque relief en accusant la bouffonnerie qui rend peut-être la perversité moins odieuse.

Et voici les définitions acerbes qui mettent à nu toutes les plaies. Nous voici tous avec notre faiblesse devant la louange et la flatterie où se complaît notre amour-propre. Nous haïssons ceux qui nous ont obligés. Nous pouvons être cléments, il est vrai, mais c'est par politique, par paresse, par crainte. Ne nous dissimulons rien non plus de ce que la fortune peut ajouter à notre mérite. On sait combien La Rochefoucauld a de talent aigu pour nous dépouiller de nos oripeaux d'héroïsme stoïque, pour ramener la modération, la constance, comme la sincérité et même l'amitié, aux sentiments intéressés.

Comment s'arrêter sur cette pente ? Pas de grâce, même pour les afflictions, même pour les larmes ! Nous nous pleurons nous-mêmes en pleurant la perte d'une personne qui nous est chère ! L'ami de la marquise de Sablé et de la duchesse de Longueville a dû voir souvent des larmes qui n'avaient que de petites sources, qui coulaient et se tarissaient facilement. Il est charmé sans doute de se sentir méchant, de se venger ainsi des petites perfidies, des multiples trahisons féminines.

Qu'il y a-t-il de vénérable s'il n'y a pas de sincérité, pas d'effusions, pas de larmes vraies, rien que de l'hypocrisie, des faux-fuyants, rien que de la ruse pour dissimuler l'avidité de notre moi ?

Sera-ce la bienveillance, la sympathie, ces faits donnés cependant et dont certains réalistes anglais se serviront pour reconstituer sur des ruines l'édifice d'une moralité nécessaire ? Point du tout. La justice elle-même n'est le plus souvent « qu'une vive appréhension qu'on ne nous ôte ce qui nous appartient ». Quand nous respectons les intérêts du prochain, ce sont les nôtres que nous voulons défendre. Combien habile est la probité ! combien intéressée la justice ! Quant aux juges, ils pratiquent la justice par ambition, par « amour de leur élévation ».

Si ces analyses sont impitoyables, n'est-ce point parce que La Rochefoucauld n'a pas été seulement un moraliste, c'est-à-dire un écrivain qui peint des mœurs, définit des caractères, mais qu'il a érigé un véritable système d'épicurisme ? En réalité, ce grand seigneur méprisait les plaisirs vulgaires. Las des fonctions, il s'était attaché aux plus grands plaisirs de l'esprit dont l'un des principaux devait être sans doute d'établir cette généalogie vigoureuse et complexe des passions qui tiennent les unes aux autres. Ne devait-il pas être le premier écœuré de la bassesse ou de la cruauté dans le spectacle des agitations humaines ? Qui sait même si parfois la misère et l'infamie ne trouvèrent pas en lui un censeur animé de philanthropiques intentions ? « J'espère, écrit-il à Melle de Scudéry, que la clémence viendra à la mode et que nous ne verrons plus de malheureux. »

Ne plus voir de malheureux !

Même si la justice et la charité se ramènent par une analyse féroce à l'intérêt et à l'égoïsme, nous passons de la psychologie épicurienne du plaisir à la morale du bonheur pour chacun et pour tous.

Nous ne pourrons plus nous arrêter à cette *pars destruens* d'une philosophie qui tente de ramener à la sensation tous les phénomènes de l'esprit et au plaisir du moi tous ceux de la vie affective.

Cette histoire naturelle de l'homme, avec ses penchants, ses passions, ses instincts, sa frénésie animale de conquête que ni Hobbes ni La Rochefoucauld n'ont achevée dans leurs systématiques analyses, que notre civilisation ne nous montre pas sous un jour moins sombre, quelle doit être son utilité ?

Nous devons nous efforcer de connaître les hommes tels qu'ils sont pour mieux concevoir ce qu'ils pourraient, ce qu'ils devraient être. Leurs qualités et leurs défauts, intéressants par eux-mêmes, le sont bien davantage par rapport à ceux d'autrui.

Nous sommes en présence non plus seulement d'un moi abstrait dont nous essayons d'expliquer les actes en les ramenant, avec toute la sérénité du savant impassible, à des éléments primordiaux, mais d'un nombre infini de *moi*, munis d'appétits analogues (c'est connu) et il s'agit de déterminer leurs rapports. Sont-ce des forces déchaînées dans l'état de nature et de guerre? Parmi tous ces êtres qui doivent nécessairement par l'intérêt, par l'utilité, se grouper, constituer une existence en commun garantie par des habitudes, des contrats et des lois, n'y a-t-il que des bêtes féroces et sanglantes?

Il est peut-être plus prudent pour éviter les amères désillusions de partir d'un tel pessimisme ou, tout au moins, de se rendre un compte exact, en véritable moraliste politique, des besoins du genre humain, comme de son exacte capacité.

Alors, on lui demandera en général et en particulier ce qu'il est susceptible de donner, et pas davantage. Il vaudra mieux être agréablement surpris des plus fières et touchantes vertus que de les attendre en vain.

Au lieu de se battre comme Don Quichotte contre des moulins à vent pour essayer de sauver la veuve et l'orphelin, au lieu de voir partout de sublimes paladins, au lieu de rêver comme Alceste une humanité pure, sans tache, et de la trouver toujours ignominieuse et corrompue, il est sans doute plus sage de la prendre pour ce qu'elle est, c'est-à-dire susceptible de *bien* ou de *mal* et même, comme Philinte, de n'être pas plus offensé

> De voir un homme fourbe, injuste, intéressé
> Que de voir des vautours affamés de carnage,
> Des singes malfaisants et des loups pleins de rage.

CHAPITRE IV

L'INTÉRÈT
ET LA MORALE POLITIQUE

J'ai tenté naguère la réhabilitation d'Helvetius (1),
et je ne le regrette pas.

Ce ne fut ni un éloge, ni une apologie, mais la
révision patiente et, en somme, paisible d'un procès.

Bien que l'auteur de l'*Esprit* et du *Traité de l'Homme*
ait dénoncé l'ambition politique et le fanatisme des
prêtres de l'ancien régime, bien qu'il apparaisse dé-

(1) V. *Helvetius, sa Vie et son OEuvre*, d'après ses ouvrages,
des écrits divers et des documents inédits. — *Notes de la main
d'Helvetius*, d'après un manuscrit inédit, (Alcan, 1907) —
Helvetius (Collection des plus belles pages. *Mercure de France*).
J'y ai puisé à plusieurs reprises dans ce chapitre en reprenant,
quand cela m'a paru nécessaire, les formules les plus significa-
catives. Certains écrivains m'ont fait des emprunts beaucoup
moins justifiés.

sormais comme le véritable fondateur de l'utilitarisme moderne et que l'on jette volontiers le discrédit sur toutes les doctrines épicuriennes, elle fut accueillie favorablement par les critiques et les lettrés, par les esprits les plus divers.

Je m'étais efforcé d'avoir recours à tous les documents, — ils étaient nombreux et, certes, j'ai pu en omettre, — qui devaient servir à ma tâche d'historien. Comme je l'expliquais alors, je voulais reconstituer, en cette tentative de biographie psychologique, la vie intellectuelle d'un auteur mal connu et méconnu.

Malgré mes erreurs, je pense y avoir réussi.

Une pétition fut adressée alors, sous les auspices de M. J. Ernest-Charles, au Conseil Municipal de Paris pour qu'il restituât à la rue Sainte-Anne le nom de rue Helvetius.

On y disait notamment : « En donnant à la rue Sainte-Anne le nom de rue Helvetius vous respecterez les traditions réelles de la France moderne. Et nous nous persuadons que cette considération n'est point faite pour vous arrêter. Le grand philosophe Helvetius habita un hôtel de cette rue. C'est là qu'il travailla. C'est là qu'il exerça son influence. C'est là qu'il mourut. Un arrêté du Conseil Général de la commune du 21 septembre 1792 donna à la rue Sainte-Anne le nom de rue Helvetius. Vous n'avez certainement pas oublié, Messieurs, vous nous permettrez cependant de vous rappeler que la décision fut provoquée par une pétition de Ph. A. Gouvelle ainsi motivée : « Le Livre de l'*Esprit* a le premier posé le principe de la véritable vertu ; elle consiste, suivant lui, à modeler ses actions et sa vie entière sur l'intelligence de l'ordre social, sur l'amour des hommes, sur l'amour de la patrie, sur le besoin de l'intérêt commun. Il la définit : le sacrifice que fait l'individu au bien du plus grand nombre ; c'est la vertu des philosophes et des républicains. »

On rappelait ensuite les conditions bizarres dans lesquelles, après 1814, le nom de rue Sainte-Anne usurpa le nom de rue Helvetius. Le premier empire avait jugé bon que le nom d'une rue fût attribué à celui d'un des plus hardis philosophes du xviiie siècle. Ce nom serait resté à la rue sans l'intervention de Madame de Genlis, « vieux bas bleu décoloré par les orages de sa vie, qui, sur le tard, était tombé dans la dévotion (1) ».

Mme de Genlis écrivait à un de ses amis : « Je demeure maintenant... dans la rue jadis appelée Sainte-Anne et que les fiacres, par une moitié de vieille habitude, appellent aujourd'hui rue Saint-Helvetius. Voilà une singulière canonisation... » Et puis, on trouve dans ses Mémoires : « Nous allâmes nous établir dans un très bel appartement rue Helvetius, et avant la

_____

(1) Le *Censeur* (12 octobre 1907)

Révolution rue Sainte-Anne. J'ai eu la satisfaction dès le lendemain de la Restauration de faire effacer dans cette rue le nom du philosophe et d'y rétablir celui de la Sainte. M. de Charbonnières, mon ami, l'était aussi du Préfet de Paris ; ma première pensée, au moment de la rentrée du roi, fut d'exprimer à M. de Charbonnières le désir que j'éprouvais de voir bannir Helvetius de notre rue, M. de Charbonnière obtint sur le champ cette grâce. »

Cette pétition resta sans effet. Mais, après mes travaux, on consacra plusieurs ouvrages ainsi qu'un nombre important d'articles, dans les journaux et les revues, à Helvetius, à l'homme et au penseur. On s'intéressa volontiers à sa vie, à ses écrits, à ses idées et à son rôle dans l'histoire des idées.

J'ai donc l'impression très nette que je ne me suis pas trompé en m'attachant à reproduire les traits essentiels de ce personnage très significatif. Il demeure intéressant de considérer son œuvre et son caractère si l'on veut interpréter équitablement la doctrine épicurienne.

Qu'on me permette de rappeler ici les conclusions de mes livres sur Helvetius. Je m'étais efforcé à la fois de donner aussi souvent que possible la parole à l'auteur que j'étudiais, à le représenter, en joignant aux ressources de l'érudition celles de l'évocation et de la sympathie, sous son véritable jour sans commettre la faute de ne pas reconnaître ses erreurs ; j'y insistais même volontiers.

Helvetius était obligé, comme je le disais alors, de semer des fleurs sur les vérités les plus épineuses. Son ambition était haute. Il ne s'agissait nullement, au fond, de rabaisser l'homme en faisant de lui un animal pervers et dégoûtant, mais de créer une science, celle des mœurs, la physique à la fois expérimentale et déductive des faits moraux.

Il faut reconnaître ce que le xix° siècle, probablement beaucoup moins absurde que ne le croit M. Léon Daudet, avec son Auguste Comte, son Taine, son Renan, comme avec son Claude Bernard et son Pasteur, doit au xviii°. Quel fut, en réalité, le rôle d'un Fontenelle et d'un Voltaire, d'un Buffon et d'un Montesquieu, d'un Diderot, d'un Helvetius et de toute l'Encyclopédie, sans parler de Jean-Jacques Rousseau, de d'Alembert et de Lavoisier, sinon d'instaurer des disciplines nouvelles en les dégageant des conceptions théologiques et *a priori*, et avec la constante préocupation d'être « utiles » ?

Si l'on aime la vérité, comme l'aimait Helvetius, il faut répéter qu'il péchait à la fois, comme la plupart des auteurs de son temps, par un excès d'idéologie, une composition lourde et complexe. Ne sommes-nous pas encore à l'époque où l'on condamnait le Chevalier de la Barre, Calas et Sirven ? Je ne pense pas que le despotisme et le fanatisme aient tout à fait disparu de notre humanité souffrante ; il y a encore des formes de la tyrannie et de l'esclavage. Mais que de choses un Helvetius avait à dire, à prouver! Cette lutte contre les préjugés, cette affirmation de l'idéal nouveau, cette volonté du libre examen et de la justice sociale, lorsque l'on n'avait ni la liberté de la parole, ni la liberté de la presse, n'étaient pas encore *vieux jeu.*

Il était souvent malaisé de dégager du fatras encyclopédique et des digressions trop copieuses l'âpre analyse du moraliste et la généreuse tentative du philosophe politique. Psychologue, poète épicurien, idéologue, économiste, philanthrope et précurseur de la Révolution, Helvetius peut être considéré à des titres divers. Mais je crois avoir démontré que ce disciple de Locke et de Hobbes, ce continuateur systématique de la Rochefoucauld orienta sa pensée de plus en plus vers un but défini, vers un but pratique et social.

*
* *

Donc, Helvetius m'apparaît comme un type largement représentatif de notre xviii° siècle français. La physionomie pittoresque de ce philosophe symbolise d'une manière étrange et frappante les tendances de cet épicurisme utilitaire qui ne saurait s'arrêter à une interprétation stérile de notre égoïsme, de nos passions, et qui veut les diriger au bien public, qui a la foi ardente, en quelque sorte religieuse, de l'humanité.

Il fallait, dans ce qu'on peut appeler le cinématographe de son existence, passer du jeune et bel épicurien qui aime l'amour et la gloire, du brillant et séduisant Helvetius de Drouais et de Van Loo à cet Helvetius plein de sarcasmes ou même d'indignation et de dégoût que Caffieri nous a représenté.

Nous avons montré que Claude-Adrien Helvetius, fils du médecin de Marie-Leczinska, appartenant à une famille de savants, continua une tradition de savoir pratique et positif, d'audace intellectuelle et aussi de noble générosité.

Il poursuit le bonheur dans les joies de la nature et celles de l'esprit. Peu à peu, il ne les séparera plus d'un amour sincère des hommes et de l'équité. Nous ne lui reprocherons pas, comme Damiron dans son Mémoire sur Helvetius, d'avoir vécu d'abord dans un monde curieux et frivole. Nous avons essayé, au contraire, d'évoquer ce monde où l'on danse, où l'art et l'amour sont faits de grâces friponnes, où les gentilshommes à perruques poudrées déclament avec emphase les lieux communs sur la vertu, la mythologie et l'astronomie, où les petits abbés circulent dans les boudoirs, où les dames mettent des mouches et accentuent le charme des fossettes, où l'on attaque et se venge par des couplets et des rimes scandaleuses, où les amants invoquent toutes les divinités de l'Olympe dont Boucher, Watteau et Fragonard flattent les nudités chatoyantes.

Il était nécessaire de définir le milieu où se mouvait Helvetius, riche, fermier général à vingt-trois ans. Fontenelle avait mis la plurarité des mondes à la portée des marquises ; tout l'esprit de Voltaire se disséminait dans ces fameux salons, où, sous le firmament des plafonds peints et des glaces indiscrètes, se concentraient les découvertes de l'intelligence et les murmures de la passion. M. de Malesherbes s'oubliait à brûler des papiers sous le nez de ses visiteurs. Les revendications humaines s'unissaient à la dialectique souple du marivaudage. On mettait du sentiment dans les ritournelles, des idées dans l'épisode grivois. Comment, dans une telle atmosphère, jeune, svelte, beau et bien fait, Helvetius n'eût-il pas été un épicurien ? Mais il joint tout de suite aux délices de la vie amoureuse et mondaine les voluptés de la pensée. Les plus amers censeurs de sa doctrine ont rappelé avec l'intention de montrer un abîme entre ses actions et ses idées quelques traits charmants de son caractère. Sa générosité était parfaite, d'une délicatesse infinie ; elle ne permettait pas à ce Mécène de s'irriter contre ceux qui lui faisaient la grâce d'accepter ses bienfaits.

Le fermier général, avide de réformes, s'indignait des abus ; au spectacle des iniquités, ce lettré ne s'endormait pas dans un fade optimisme. La misère des humbles surchargés d'impôts le révoltait et il faisait le magnifique rêve du bonheur pour toute la nation.

L'hôte bienveillant du célèbre salon de la rue Sainte-Anne où Mme Helvetius, née de Ligneville, partageait son libéralisme volontiers révolutionnaire, le sage de Voré et de Lumigny dont j'ai tenté, après Saint-Lambert, d'éclairer la figure expressive de philosophe « sensible », ne font qu'un avec le philosophe de l'*Esprit*.

On aimerait s'attarder encore sinon auprès du poète, du financier, du maître d'hôtel de la Reine dans sa vie galante, intellectuelle et mondaine, du moins auprès de cet Helvetius qui, hanté par l'idée du bien public, voyait avec désespoir la France en proie à toutes les calamités. Alors, le bel esprit, le moraliste aigu et sarcastique, le politique sagace et parfois brutal était devenu essentiellement un citoyen.

Le pamphlétaire du livre posthume *De l'Homme* dénonce avec virulence les crimes du fanatisme. Mais Helvetius, à l'égard des individus, était bon, indulgent. En réfléchissant aux origines et au développement des hommes et des sociétés, il avait saisi dans les sources mêmes de l'existence la légitimité du moi de chacun ; il avait donc les plus grands égards pour l'amour-propre de tous. En étudiant l'idée de bien et de mal, il s'était aperçu qu'on n'est pas méchant volontairement, mais par ignorance. Il ne croyait pas, a remarqué le marquis de Chastellux, dans son *Eloge d'Helvetius*, qu'il y eût d'esprit faux par lui-même, mais que toutes nos méprises viennent d'une ignorance due à la paresse ou à la passion.

C'est pourquoi il disait à ceux qui avaient persécuté l'audacieux auteur de l'*Esprit* : « Cela n'est pas de votre faute », il envoyait des secours anonymes à un ancien ami, le Père Plesse, qui par faiblesse, sans doute, l'avait trahi, et qui était vieux et malade.

Servie par une rare puissance de sincérité, une opiniâtre faculté d'analyse, son intelligence, s'étendant à la compréhension de tous les besoins comme à l'enchaînement des causes et des effets dans cette science de la morale, cette physique des mœurs qu'il voulait instituer, avait fini par s'unir à la pitié, à se confondre avec l'amour.

*
* *

Stendhal, ce grand épicurien soucieux d'analyser toutes les passions dérivant de l'amour et de l'amour de soi et qui regrettait de n'être pas le seul à connaître Helvetius, écrivait un jour que l'auteur de l'*Esprit*, « le plus grand philosophe qu'aient eu les Français, lui avait ouvert la porte de l'homme à deux battants ». Un autre jour, il remarquait avec beaucoup d'esprit que le philosophe commit la petite maladresse d'appeler son principe l'intérêt, au lieu de lui donner le joli nom de plaisir.

Evidemment, agir par plaisir, suivant son bon plaisir, cela ne manque pas de quelque saveur. On convient volontiers que la recherche du plaisir n'est pas étrangère à l'action. Mais agir par intérêt ! Quelle bassesse ! De même que personne ne se plaint de son jugement, personne ne semble vouloir consentir à agir par intérêt. Tant il est vrai que pour être bien considéré, il est essentiel d'être ou de paraître sans cesse un « altruiste » désintéressé.

Dans les *Notes de la main d'Helvetius*, beaucoup plus encore que dans ses poèmes, le philosophe pénétré de Locke se joint tout de suite à l'épicurien amoureux, à l'utilitaire, à l'idéologue, au futur « sociologiste », en même temps qu'à un écrivain aisément paradoxal, mais à l'imagination éclatante comme celle de Bacon ou des Orientaux. Il glorifie l'amour et le désir, il exprime déjà la puissance de l'amour comme moteur des gestes sociaux, mais il se montre aussi fort préoccupé des progrès de la science dont le déterminisme s'impose à sa pensée, des bienfaits de l'expérience, d'une critique de l'esprit susceptible d'établir l'influence néfaste de l'erreur, des préjugés, de l'ignorance.

Bannissant la métaphysique, se tenant à l'écart des conceptions théologiques, il constate qu'Epicure est le seul des anciens qui humanisa la vertu philosophique et, soucieux d'expliquer tous les cas possibles de morale avec l'amour-propre, il envisage une espèce de mathématique possible des plaisirs en vue de sa félicité personnelle et de la félicité universelle. Cette intéressante conception d'Helvetius, qui ne songeait pas seu-

lement à cataloguer et à équilibrer les plaisirs personnels, mais encore à « calculer les probabilités pour
le bonheur des hommes », sera celle du plus considérable de ses disciples, le moraliste utilitaire et légiste
Bentham.

Deux vers de Lucrèce, le hardi poète, dont l'épicurisme se drape dans une majestueuse et ardente humanité, forment l'épigraphe du hardi livre de l'*Esprit*
qui valut à son auteur la condamnation du pape, de
l'Eglise, du Parlement et de la Sorbonne, alors fa-
cultas theologiæ.

Quelle est la nature de l'homme, quelles sont ses
tendances fondamentales ? La science de l'homme est
le chapitre préliminaire, indispensable, de la science
politique et sociale.

Insuffisante, artificielle, lorsqu'elle n'est qu'un sensualisme appliqué à la connaissance, dépourvue surtout des ressources qu'offrent les associations combinées d'états de conscience et les recherches physiologiques, cette psychologie devient ample et fort instruc-
tive en s'étendant à l'étude du moi dans ses diverses
manifestations.

Comme celui d'Epicure et de Hobbes, l'épicurisme
d'Helvetius est fondé sur la table rase et sa politique
s'appuie sur une physique expérimentale des faits moraux.

Nos faux jugements sont l'effet de nos passions ou
de notre ignorance. Les passions produisent l'illusion

dont la force se mesure presque toujours par le degré d'aveuglement où elles nous plongent. De là, les superstitions et le despotisme, les tyrannies et les iniquités.

Les passions, germes d'une infinité d'erreurs, sont aussi la source de nos lumières. Voilà un thème important de tout épicurisme ou utilitarisme moderne. Le réquisitoire contre les néfastes préjugés s'unit constamment à une exaltation de la vie.

Il faut bien comprendre, d'après Helvetius, que l'intérêt préside à nos jugements : chaque particulier juge des choses et des personnes par l'impression agréable ou désagréable qu'il reçoit d'elles. Le public, assemblage de tous les particuliers, ne prend donc que son utilité pour règle de ses jugements.

Ne restreignons pas, du reste, comme le vulgaire le fait communément, la signification de ce vilain mot intérêt au seul amour de l'argent. Ne convient-il pas de l'appliquer à tout ce qui peut nous procurer des plaisirs et nous soustraire à des peines ?

En tout temps, en tout lieu, l'intérêt personnel dicte le jugement des particuliers, l'intérêt général celui des nations. L'univers physique est soumis aux lois du mouvement, l'univers moral l'est à celles de l'intérêt.

Il en est de même pour les idées que pour les actions ; nous les prisons d'autant plus qu'elles nous sont plus utiles. Nécessairement, nous n'estimons que nous dans les autres. Le moraliste amer mul-

tiplie les exemples, non sans une cruelle volupté.
La duchesse de la Ferté disait un jour à Mme de Staal :
« Il faut l'avouer, ma chère amie, je ne trouve que
moi qui aie toujours raison ». Voilà pour la société
mondaine. Voici, d'après l'apôtre de la tolérance,
pour l'importance politique de ce fait : le bonze, le
bramine, le prêtre, le grec, l'iman, l'hérétique as-
surent qu'ils ont raison.

Ainsi, selon les formules d'Helvetius, l'esprit considéré par rapport à un particulier n'est que l'assemblage des idées intéressantes pour lui. Pour une petite
société, la probité n'est que l'habitude plus ou moins
grande des actions particulièrement utiles à cette petite
société.

Qu'est-ce à dire, sinon qu'il est impossible d'aimer
le bien pour le bien?... Les hommes sont méchants !
Le moraliste politique répond : Non. Ils sont soumis
à leurs intérêts, et l'on ne changera pas ce ressort
moral. Au lieu de se plaindre de la méchanceté humaine, il faut se plaindre de l'ignorance des législateurs.

Le problème ardu est précisément de passer des
intérêts particuliers à ce qui fait la justice, la vertu, le
bien public, c'est-à-dire à l'intérêt général. Il est
malaisé d'éviter l'ascendant des sociétés particulières.
On aperçoit difficilement le crime où se trouve l'u-
tilité. Peu de gens sont capables de sacrifier leurs
sentiments au principe de l'utilité générale. C'est

cependant sur cette boussole qu'il faudrait nous conduire. Tel est le fondement de toutes les législations. En effet, dit Helvetius, la postérité juge les hommes non d'après leurs défauts ou leurs qualités particulières, mais d'après leurs talents par rapport au public.

*
* *

Revenons aux passions.

Ce sont les passions qui fixent notre attention sur l'objet de nos désirs et nous le font considérer sous des aspects inconnus aux autres hommes. D'où la supériorité d'esprit des gens passionnés sur les gens seulement sensés.

La passion ardente pour la gloire enfante l'enthousiasme fécond en découvertes.

Assurément, si l'humanité doit l'élévation de l'âme, les découvertes des sciences et des arts à « ce feu céleste qui vivifie le monde », elle lui doit aussi ses vices et la plupart de ses malheurs. Les moralistes ont-ils, pour cela, le droit de condamner les passions et de les traiter de folie? Folie respectable, en tout cas, que la sublime vertu.

Mais quelle est l'origine des passions ? L'homme est capable de recevoir des impressions de plaisir ou de douleur selon qu'il satisfait ou non à ses besoins. C'est un fait donné sur lequel Helvetius, ne se contentant pas, comme La Rochefoucauld, d'établir le mécanisme des sentiments dérivés de l'amour de soi, fonde sa doctrine du bonheur légitime à réaliser dans la vie en société.

Il s'agira de démontrer que dans des passions telles que l'avarice, l'ambition, l'orgueil, l'amitié, dont l'objet paraît le moins appartenir aux plaisirs des sens, c'est cependant toujours la douleur et le plaisir physiques que nous fuyons ou que nous recherchons.

Helvetius va s'acharner à cette réduction si aisément paradoxale, subversive et contraire à certaines aspirations apparemment spontanées.

La crainte excessive des maux attachés à l'indigence est la cause de la contradiction qu'on remarque entre la conduite de certains avares et les motifs qui les font agir. L'avarice peut se ramener à l'effet immédiat de la crainte de la douleur et de l'amour du plaisir physique.

L'ambition naît du désir de se soustraire à la peine, de s'assurer ses besoins, les commodités de la vie, etc... Les hommes désirent les richesses et les dignités parce qu'ils aiment les plaisirs.

N'oublions jamais de saisir le rapport des passions ou des besoins. Chez les sauvages exposés à des famines affreuses, la faim produit des idées, les combinaisons de leurs esprits les conduisent aux ruses de la chasse et de la pêche. Dans les nations policées, l'amour des femmes (et l'on sait l'importance qu'Helvetius avant Stendhal, avant Schopenhauer, avant

Fourier, avant Littré et tant d'autres, donne aux désirs et en particulier aux désirs sexuels) est un ressort primordial. « En ces pays, dit Helvetius, l'amour invente tout : la magnificence, la création des arts de luxe sont des suites nécessaires de l'amour des femmes et de l'envie de leur plaire. Le désir même qu'on a d'en imposer aux hommes par les richesses n'est qu'un nouveau moyen de les séduire. »

On saisit bien, ici, d'une part les rapports entre l'amour et l'ambition, et, de l'autre, entre le sensualisme épicurien et la civilisation.

De même, l'orgueil (et nous poursuivons de nouveau cette analyse inexorable) n'est point dû au désir qu'on a de s'assurer de son mérite, mais aux avantages que cette estime procure.

Mais la sensibilité physique est-elle aussi le germe productif de l'amitié, ce pur et délicat sentiment, célébré avec tant d'émotion par tant d'écrivains? Helvetius va aussi loin que La Rochefoucauld. Lui qui a été si évidemment un ami parfait, d'un commerce sûr, semble s'être donné comme mission d'imposer silence à son cœur. « Nulle amitié, déclare-t-il brusquement, sans besoin, ce serait un effet sans cause. » Souvenons-nous que l'intérêt est un phénomène naturel, indispensable, lié à la vie même. L'analyste des mœurs doit le constater, comme on constate un fait physique ou chimique. On ne nous aime pas pour nous-mêmes, mais toujours pour quelque cause. En amitié, comme en amour, on fait souvent des romans. Ne faut-il point voir les hommes comme ils sont? Le sage peut être généreux, étant indépendant. L'amitié fait des échanges ; l'indépendance fait des dons.

Il y aurait lieu d'insister sur la thèse d'Helvetius que l'homme doit ses passions à la sensibilité physique et qu'il doit toutes ses vertus comme tous ses vices à des passions.

Ainsi l'auteur épicurien de *l'Esprit*, au lieu de s'en tenir à l'amertume concentrée de l'auteur des *Maximes* ou à un méphistophélisme pessimiste comparable à celui de Schopenhauer, loin d'insulter à la vie et à son épanouissement, de célébrer la gloire ténébreuse de quelque nirvâna, considère que les passions sont l'élément essentiel de l'existence des sociétés et il démontre longuement par toutes sortes d'exemples, pittoresques et sardoniques que les mêmes passions, modifiées selon les différentes formes de gouvernement, produisent en nous les vices et les vertus contraires.

Il convient donc de ne pas mutiler la pensée d'Helvetius et de tous les autres moralistes politiques qui ont eu la préoccupation de fonder une statique et une dynamique des sociétés transformées par l'emploi rationnel des inclinations humaines.

Si contestable que puisse être la théorie de l'homogénéité des esprits normaux, comment nier à présent son importance et sa valeur pratique?

Assurément, Helvetius ne tient pas assez compte de certaines tendances innées, et Diderot avait raison de le lui reprocher. Les théories modernes sur l'évolution et l'hérédité nous font comprendre les lacunes, les erreurs d'un système qui essaie d'expliquer par le déterminisme la formation des grands esprits et des grands héros. Il convient aussi de ne jamais négliger les conditions physiques et physiologiques qui doivent nous permettre d'interpréter un tempérament.

On voit mieux maintenant comment le philosophe épicurien parti de l'égoïsme, de l'intérêt, le regarde comme un moyen et non comme une fin. Je ne crois donc pas m'être trompé en montrant à mon tour, après quelques autres, les vues graves qui se dégagent d'une telle doctrine, puisqu'Helvetius, fondateur de l'utilitarisme moderne, ne jugeait pas son bonheur indépendant de celui des autres et de tous et que, travaillant à ce bonheur humain, il ne le séparait pas de la justice sociale.

M. Elie Halévy, en étudiant la formation du radicalisme philosophique en Angleterre, a écrit très justement: « Le philosophe utilitaire, disciple d'Helvetius, sait que la vraie méthode de réforme sociale consiste non dans la prédication morale adressée aux individus, mais dans la modification des conditions sociales auxquelles ils sont soumis et qui les déter-

minent nécessairement à agir dans un sens et non dans
un autre ».

Tout l'art du législateur, suivant l'auteur de l'*Esprit*, consiste à forcer les hommes par le sentiment
de l'amour d'eux-mêmes à être toujours justes les uns
envers les autres. Le chef-d'œuvre de l'éducation combinée à la législation est de découvrir le moyen de
nécessiter les hommes à la probité en forçant les passions à ne porter que des fruits de vertu et de sagesse.

Insistant sur les devoirs de l'individu envers la société et sur les moyens d'y maintenir l'ordre, après
avoir dénoncé les crimes du despotisme politique et
religieux, l'auteur du traité de l'*Homme* enseignait
que la volonté d'un Dieu juste et bon, c'est que les
fils de la terre soient heureux et qu'ils jouissent de
tous les plaisirs compatibles avec le bien public.

Mystique, après avoir subi la hantise des ténèbres
et de la mort, soucieux désormais de connaître la lumière et la vie, M. Maurice Maeterlinck a écrit, dans
La Vie des Abeilles : « Notre sagesse, nos vertus, notre
politique, âpres fruits de la nécessité que notre imagination a dorés, n'ont d'autre but que d'utiliser notre
égoïsme et de tourner au bien commun l'activité naturellement hostile à chaque individu. »

Telle était déjà la véritable pensée du philosophe
Helvetius.

CHAPITRE V

LA MORALE DE L'UTILITÉ

Ceux qui veulent pénétrer dans les jardins d'Epicure en s'imaginant qu'ils vont connaître les domaines de quelque Gilles de Rais Barbe-Bleue ou d'un marquis de Sade (auquel revient du moins le mérite d'avoir fourni la racine du mot sadisme) feront bien de ne pas s'engager à la suite de Jérémie Bentham et de John Stuart Mill, ces deux Anglais utilitaristes.

Ils risqueront fort d'y trouver sur leurs traces, au lieu de floraisons luxuriantes et de parfums capiteux, de faunes et de satyres pleins de concupiscence, au lieu de nymphes et de bacchantes lascives et de perverses hamadryades, des tribunaux chargés de punir les scélérats, des hôpitaux pour les malades et des palais de la mutualité où l'on discute gravement les intérêts des citoyens, d'après un idéal de progrès et d'équité.

Si l'on examine ces deux maîtres de l'épicurisme

moderne, on est plutôt frappé de leur air d'austérité, on affirmerait volontiers que ces fondateurs de l'arithmétique et de l'esthétique des plaisirs sont avant tout membres d'une société de tempérance et apôtres d'une foi nouvelle.

La morale politique de l'intérêt nous a conduits à la conception d'une société renouvelée par un ensemble de lois conformes aux intérêts généraux de la nation.

Nourri, depuis l'enfance, des principes d'Helvetius, le grand jurisconsulte Bentham ne songe, pendant toute sa longue existence, qu'à éclairer les hommes dans l'effort commun pour lutter contre les abus, l'injustice, sous toutes ses formes, la misère et le crime ; il s'apparente ainsi à nos idéologues qui ont semé pour les modernes moissons de la prévoyance sociale les idées les plus utiles et les plus généreuses.

Sa volupté, à lui, était de faire la critique, au nom de l'intérêt général, des lois dangereuses pour son pays et de ne pas se désintéresser de la vie des autres peuples, convaincu que le bonheur humain dépend des dispositions d'un code approprié à nos besoins et appliqué sans faiblesse. L'auteur de la *Théorie des Peines et des Récompenses*, du *Traité de Législation Civile et Pénale* montra, comme Beccaria, tout ce qu'il peut y avoir de pratique et de salutaire dans une politique de l'intérêt bien compris, reposant sur les faits et non sur de belles chimères platoniciennes. Il mérita ainsi le titre de citoyen français que lui octroya la Convention.

Dans sa *Déontologie*, Bentham part du principe épicurien que tout plaisir est un bien et doit être recherché et que, de même, toute peine est un mal et doit être évitée. Revenant aux théories essentielles du philosophe grec, il affirme en voulant établir son calcul des plaisirs que : « Tout acte qui procure du plaisir sans aucun résultat pénible est un bénéfice net pour le bonheur ; tout acte dont les résultats de peine sont moindres que ses résultats de plaisir est bon jusqu'à concurrence de l'excédent en faveur du bonheur. »

Que l'on ne vienne pas nous imposer telles ou telles joies ; chacun est le seul compétent de ce qui lui est peine ou plaisir. Et Bentham poursuit son argumentation afin de constituer la mathématique de ce qui, par rapport à notre état de jouissance ou de douleur, constitue le bien ou le mal. Ici encore, nous ne partons que du réel ; la longue continuation par un individu, dit-il, de l'exercice libre et habituel d'un acte est une preuve que cet acte est pour lui productif d'un excédent de bien pur et doit, par conséquent, être recherché.

Le moraliste n'oublie pas, bien entendu, les conséquences de l'acte et le rôle, pour chacun, de son expérience personnelle. Il continue : pour justifier l'affirmation qu'un acte donné est mauvais, il faut que l'affirmateur puisse prouver non seulement qu'il en résultera du mal, mais encore que la somme de mal qu'il produira sera supérieure à la somme de bien.

Mais, tout de suite, le jurisconsulte réformateur, le législateur apparaît dans le savant qui se livre à l'analyse des phénomènes psychologiques et moraux. Assurément, la contrainte et les sanctions pour assurer la sécurité, les intérêts de la collectivité doivent exister, mais dans la mesure où ils sont nécessaires. En effet, si par une fausse représentation des conséquences, un raisonnement erroné ou, plus encore, si par la crainte d'un châtiment physique, moral, politique ou religieux, on interdit à un homme la jouissance d'un plaisir, on lui inflige un dommage « dont la somme est égale à l'excédent du plaisir dont on l'a privé ».

Il s'agira évidemment de doser ces dommages d'une façon utile, et l'idée d'utile se confond une fois de plus avec celle du droit et de la justice.

Je n'insiste pas ici sur la valeur des peines et des plaisirs estimée, suivant Bentham, par leur intensité, leur durée, leur certitude, leur proximité. Mais il y a lieu d'envisager toujours leur degré de fécondité ou de stérilité afin de se prononcer en tout état de cause.

Qu'on le veuille ou non, qu'eux-mêmes le veuillent ou non, les hommes appliquent le critérium utilitaire à leurs actions. Il leur arrive de le faire d'une manière imperceptible, en dépit de leurs affirmations, et au moment où ils le décrient avec le plus d'acharnement.

Bentham est, naturellement, comme Helvetius, un ennemi déclaré de l'esprit d'ascétisme. Certains s'imaginent qu'en s'imposant des souffrances ils accomplissent un acte sage et vertueux. En réalité, leurs motifs sont les mêmes que ceux du reste des hommes, et, au milieu des tortures, ils comptent sur un résultat de bonheur. C'est pourquoi ils imaginent d'approuver des actions qui entraînent des peines avec elles et d'en désapprouver d'autres parce qu'elles procurent du bonheur. L'Etre divin, s'il est juste et bon, ne peut vouloir qu'une souffrance soit inutilement endurée.

Pas plus que Hobbes, La Rochefoucauld ou Helvetius, Bentham ne se gêne pour critiquer l'idée de vertu. La vertu, dit-il, est le chef d'une famille immense dont les vertus sont les membres. Elle représente à l'imagination une mère suivie d'une nombreuse postérité. Mais la vertu est « une fictive entité ».

Quoi ! nier l'existence de la vertu ! La vertu un vain mot ! Quel blasphème ! Si la vertu est un être imaginaire, il doit en être de même du vice. Ainsi tous deux seront placés au même niveau, produits de l'imagination, objets d'indifférence...

A défaut d'une définition, expliquons le mot par ses dérivés : action vertueuse, disposition vertueuse, habitude vertueuse.

Quelqu'un dit d'un acte qu'il est vertueux. Il exprime son opinion ; cet acte mérite son approbation.

Alors se pose la question : sur quelle base se fonde une telle opinion ?

On se convaincra, dit Bentham, en y faisant attention, que cette base diffère et change d'un lieu à un autre.

Nous rejoignons ainsi le pyrrhonisme tolérant de Montaigne, le « Vérité au deçà des Pyrénées, erreur au delà » de Pascal, les impitoyables analyses de la *Nature Humaine*, des *Maximes* et de l'*Esprit*.

Il serait donc bien difficile de faire à la question une réponse satisfaisante.

Il n'y en aura pas une, mais d'innombrables, compliquées et de toute sorte. Pour les réunir, il faudrait faire des recherches infinies dans le domaine de la géographie et de l'histoire. Cependant, si on l'examine bien, la réponse sera : « Cet acte est vertueux parce que je pense qu'il est tel, et sa vertu consiste à avoir ma bonne opinion en sa faveur. »

Ainsi, ce n'est que par référence aux peines et aux plaisirs qu'on peut attacher une idée claire aux termes vertu et vice.

La nature « naïve et sans art » nous porte à rechercher le plaisir immédiat, à éviter la peine immédiate. La vertu, réduite à l'utilité, n'est que le sacrifice d'une moindre satisfaction actuelle, offerte sous la forme d'une tentation, à une satisfaction plus grande, mais plus éloignée, qui, en réalité, constitue encore une récompense.

La déontologie, suivant le réformateur Bentham, encourage l'homme dans la recherche du plaisir, mais elle le conjure de ne point se tromper dans ses calculs.

Ici, plus et mieux que jamais, nous revenons au vieil Epicure et à ses règles prudentes. La morale, dans ses leçons, doit représenter un avenir qui n'est probablement pas éloigné, avec ses plaisirs et ses peines.

Attention ! Elle demande si pour la jouissance goûtée aujourd'hui il ne faudra pas payer demain un intérêt usuraire et intolérable. Par suite, elle met un frein à la précipitation. Elle empêche de faire un mauvais marché. Elle a pour mission de « régulariser » l'égoïsme.

On sent tout de suite ce qu'au point de vue de la noblesse intellectuelle, une éthique de ce genre peut avoir d'insuffisant et même de trivial. On s'est plus ou moins habitué à considérer la morale comme une espèce de Décalogue contenant des préceptes intangibles et sacrés. Ce n'est plus sublime, ce n'est même plus beau du tout de la réduire à un calcul de ce genre ; et pourtant la politique n'est-elle pas de constituer dans un budget la colonne des profits et celle des pertes ? L'ivrogne considérera qu'il achète cher le plaisir de l'ivresse, s'il fait entrer en ligne de compte, dit Bentham, 1°) sa santé, 2°) les peines contingentes qui en résultent, 3°) la perte de temps et d'argent, 4°) la peine produite dans l'esprit de ceux qui lui sont chers, 5°) la défaveur attachée à son vice et le discrédit qui en résulte, 6°) le risque d'un châtiment légal pour manifestion publique d'ivrognerie, 7°) le risque des châtiments attachés aux délits qu'un ivrogne est exposé à commettre, sans compter le tourment produit par les craintes des peines d'une vie future.

Par conséquent, à quoi bon dogmatiser despotiquement ? La morale utilitaire doit nous inviter à faire du bien et du mal une sage estimation.

Il est certain qu'on peut risquer de rabaisser, en les ramenant à des intérêts personnels et généraux, l'idée de nos devoirs et de nos droits. Mais, d'autre part, combien n'a-t-on pas trafiqué de cette idée en la couvrant du manteau éclatant de la religion, de la morale et de la philosophie ? Ce n'est pas sans quelque raison que cet Anglais se méfiait d'une Déclaration des Droits de l'Homme fondée non sur l'intérêt général, mais sur des notions *a priori*. Le danger n'est-il pas toujours que certains sophistes ou certains ambitieux n'exploitent ces notions à leur profit ? Reste à savoir, comme on l'a souvent dit, s'il y a entre les intérêts une identité naturelle et si l'intérêt bien entendu se trouve toujours d'accord avec l'esprit de justice.

L'utilité préside non seulement aux prescriptions de la *Déontologie*, mais encore à l'établissement de ces lois dont le respect doit toujours entrer en ligne de compte dans la balance de notre conduite. La législation doit assurer au citoyen la plus grande somme de

bonheur possible et le système des peines proportionnées aux délits doit être édicté pour des raisons analogues. Du reste, le rôle du législateur n'est pas tout-
puissant ; en bien des cas , il doit laisser agir la
coutume et l'opinion et le châtiment imposé par le
magistrat ne répond pas au désir de la vengeance, mais
au besoin d'éviter le retour d'un délit qui nuit à l'intérêt commun.

Joints à un sentiment souvent admirable du but
philanthropique à atteindre par le moraliste et le jurisconsulte, les problèmes posés par l'arithmétique morale,
où se posent les questions de climat, d'âge, de sexe,
de tempérament, peuvent apporter une contribution
fructueuse à un épicurisme éclairé, devenu un utilitarisme politique et social.

Le beau portrait de C.F. Watts, à la National
Gallery de Londres, représentant John Stuart Mill vers
la fin de sa vie consacrée à l'étude et à la méditation,
montre un penseur, un savant austère. Le maître de
l'utilitarisme au xixᵉ siècle, qui fut aussi l'un des
maîtres de l'économie politique moderne, était un
haut caractère emprisonné sans doute dans un système
trop étroit. Elevé à la rude discipline intellectuelle de
James Mill, son père, pour lequel Helvetius était une
« armée », benthamiste convaincu, il est d'abord lui-

même « une machine à raisonner ». Comme Auguste Comte, il eut sa crise de sentimentalité et un idéal parfois attendri. Ses relations avec Saint-Simon et le chef du positivisme, son union avec cette Mme Taylor dont l'influence fut heureuse, l'élèvent peu à peu à des conceptions nobles de la liberté et de l'individualité combinées avec l'esprit d'altruisme. C'est pourquoi nous voyons le logicien, partisan convaincu et absolu de l'empirisme associationiste, devenir le fécond théoricien des modernes conceptions de l'Etat, du féminisme et du progrès social.

On aime à se le figurer dans sa simple maison d'Avignon, tempérant la rigidité de sa méthode et de ses mœurs dans la douceur du climat méridional, parmi les amitiés sereines, ému au souvenir de la femme généreuse noblement aimée, et c'est l'expression de « saint laïque » qui revient à l'esprit lorsqu'on pense aux dernières années de J. S. Mill, comme à celles de Comte ou de Littré. De même qu'en psychologie, Mill se montre, on le sait, l'adversaire constant et sans concessions de tout intuitionisme et substitue aux formes, aux principes de l'esprit le rôle de l'expérience qui se réduit à des habitudes formées d'associations d'états de conscience, il est, en éthique, l'ennemi des idées innées. Si les notions mathématiques elles-mêmes lui sont apparues comme le fruit de l'expérience, comment les notions morales pourraient-elles dériver à ses yeux d'un a priorisme que la science ne saurait admettre et doit reléguer dans le domaine des chimères incompréhensibles ?

L'auteur de *l'Essai sur l'Utilitarisme*, qui avait d'ailleurs fait un sort à ce mot en le mettant en circulation, se plaint non sans raison du sens perverti que le public lui a trop souvent donné et s'efforce de le sauver d'une complète dégradation. Il part des principes mêmes d'Epicure : le fondement de la morale est l'utilité ou principe du plus grand bonheur.

Que d'accusations on lançait déjà contre l'utilitarisme, c'est-à-dire contre l'épicurisme ! Supposer que la vie n'a pas de fin plus haute, pas d'objet meilleur et plus noble à poursuivre que le plaisir, rappelait J. Stuart Mill, c'était là une doctrine bonne pour les « pourceaux ».

Bien entendu, les épicuriens n'ont jamais manqué de répondre à leurs adversaires. Si les sources du plaisir étaient les mêmes pour les hommes que pour les pourceaux, la règle de vie bonne pour les uns serait bonne pour les autres. Les êtres humains ont, évidemment, des facultés plus élevées que les appétits animaux ; ils en ont conscience, ils ne considèrent pas comme bonheur ce qui ne leur donne pas de satisfaction. J. Stuart Mill observe avec raison qu'il n'y a pas de théorie épicurienne de la vie qui n'ait assigné aux plaisirs de l'intelligence, de l'imagination et de la moralité une valeur plus grande qu'aux plaisirs des sens.

On n'ignore pas que dans cette nouvelle philosophie du bonheur, il ne faut jamais perdre de vue cette essentielle conception : alors qu'en estimant toutes sortes d'autres choses on tient compte de la qualité aussi bien que de la quantité, il serait absurde de ne considérer que la quantité lorsqu'il s'agit d'évaluer les plaisirs.

Nous trouvons dans les ouvrages de J. Stuart Mill des pages d'une forte éloquence : sans montrer ce qu'il peut y avoir de divin dans nos extases et dans nos tourments, il fait justice du préjugé rabaissant l'épicurien véritable, ou simplement l'homme doué de la vie et des besoins qui l'accompagnent au niveau de la brute.

Comme il a raison encore d'affirmer qu'un être doué de facultés plus élevées demande plus pour être heureux, souffre sans doute plus profondément et sur certains points est plus accessible à la souffrance qu'un être d'un type inférieur ! Cependant, en réalité, il ne désirera jamais tomber dans une existence inférieure. D'où vient cette répugnance ? Faut-il l'attribuer à l'orgueil, à l'amour de la liberté, de l'indépendance personnelle, du pouvoir, à ce sentiment de dignité que possède toute créature humaine ?

Non, cette répugnance pour une condition basse n'est pas un sacrifice du bonheur.

Rappelons ici les formules authentiques et non pas seulement la phrase tronquée du Socrate mécontent valant mieux que le pourceau satisfait.

Tous ceux qui ont regardé la vie et qui l'ont vécue
répéteront avec Mill que l'être dont les capacités de
jouissances sont inférieures a les plus grandes chances
de les voir pleinement satisfaites et que l'être doué su-
périeurement sentira toujours l'imperfection des plaisirs
qu'il souhaite.

Donc ne confondons pas bonheur et contentement : l'être supérieur, ajoute le moraliste, peut apprendre à supporter cette imperfection, elle ne le ren-
dra certainement pas jaloux de l'être qui n'en a pas
conscience. L'homme malheureux, même s'il n'est pas
Socrate, vaut mieux qu'un porc satisfait. « Si l'imbé-
cile et le porc sont d'une opinion différente, c'est
qu'ils ne connaissent qu'un côté de la question. »

Les derniers mots du système politique d'Helvetius
étaient fort nettement : Education, Législation. A son
tour, John Stuart Mill se préoccupe de l'éducation des
caractères. L'éthologie doit s'unir à une efficace législation.

Il arrive que des gens capables de plaisirs élevés les
abandonnent sous l'influence de la tentation pour des
plaisirs inférieurs. Faut-il en conclure qu'il ne sont pas
susceptibles d'apprécier complètement la supériorité
intrinsèque des plaisirs élevés ?

Ici, tout en y ajoutant des vues importantes et déli-
cates sur une hiérarchie des plaisirs possibles, nous re-
tournons au point de vue de Bentham, si cher aussi à
l'auteur de l'*Esprit*. Il s'agit évidemment d'éclairer les

consciences sur les conséquences de nos actes. Le vieil Epicure, modifiant la doctrine des Cyrénaïques, n'y avait point failli. Les sages directeurs et animateurs de consciences ne manquent pas non plus à cette tâche si utile.

Souvent, poursuit Mill, les hommes, par faiblesse, fixent leur choix sur le **bien le plus proche,** quoiqu'ils sachent la valeur moindre de l'objet de leur choix. Faisant allusion à l'enthousiasme de la jeunesse pour tout ce qui est noble, à l'égoïsme et à l'indolence qui lui succèdent, il fait remarquer que certaines plantes fragiles ne peuvent pas se développer faute de nourriture et des conditions nécessaires à leur épanouissement. Cette petite observation du moraliste deviendra un des dogmes essentiels de l'éthique évolutionniste qui s'appuie sur les puissantes théories de Lamarck et de Darwin.

L'auteur de l'*Utilitarisme* ne se trompe pas en affirmant que les hommes perdent leurs aspirations nobles comme ils perdent leurs goûts intellectuels parce qu'ils n'ont pas le temps ou l'occasion de les cultiver... Ah ! chacun n'a-t-il pas, dans un bréviaire secret de l'âme, les fleurs séchées, trop vite flétries, des fières idées ou des sentiments si purs et si tendres que la vie a condamnés... ?

Ce n'est plus ici la véridique réflexion d'un La Bruyère, d'un La Rochefoucauld ou d'un Vauvenargues. Ce n'est pas encore la thèse vaste et systématique du

Struggle for life, vraie peut-être... qui sait... pour nos aspirations qu'il faut adapter au milieu, aux besoins immédiats, sous peine de souffrir trop et de périr, comme pour les individus et les races soumises, afin de subsister, à d'implacables conditions.

Donc, pour reprendre l'analyse de l'épicurisme et défendre, avec Mill, l'utilitarisme, il y a beauconp de gens qui s'adonnent aux plaisirs bas non parce qu'ils les préfèrent, mais parce que ce sont les seuls facilement atteints.

Le principe de la doctrine n'est pas seulement, d'ailleurs, celui du plus grand bonheur de l'agent, mais « encore celui du plus grand bonheur total et général ». On peut douter qu'un noble caractère soit toujours heureux à cause de sa noblesse, mais on ne peut pas douter que le monde ne gagne avec lui, qu'il ne rende les autres plus heureux.

Voilà les formules de *l'altruisme* établies ! N'oublions pas que J. Stuart Mill fut d'abord un partisan convaincu du positivisme, avant de renoncer à la philosophie religieuse d'Auguste Comte, dernière étape de ce vaste esprit hanté par les dogmes autoritaires. Comte n'est-il pas parti aussi de l'égoïsme fondamental ? Nous verrons qu'à la base de cette sociologie, il y a encore et toujours un épicurisme.

Examinons maintenant les assertions principales que soutiennent les adversaires de l'utilitarisme.

D'abord, sous aucune forme, le bonheur ne peut être

le but rationnel de la vie humaine. Il est inaccessible. Et puis, l'homme peut vivre sans bonheur.

Assurément, si les hommes ne peuvent pas atteindre le bonheur, il ne peut être le but de la morale, d'une conduite rationnelle. Alors?

Mais l'utilité ne comprend pas uniquement la recherche de la félicité, elle est encore la préservation, l'adoucissement de la peine... Cela, du moins, n'a rien de chimérique.

Il faut s'entendre, d'autre part, sur le bonheur. L'état exalté de plaisir dure peu, flamme brillante qui s'éteint vite. La continuité des plaisirs élevés et rares aussi. Au lieu d'insulter l'épicurisme, l'utilitarisme, comprenez donc enfin qu'il ne demande pas à l'existence plus qu'elle ne peut donner.

Ne sont-ils pas heureux, ceux dont la vie n'est pas faite d'extases, mais « de peines peu nombreuses et transitoires, de plaisirs nombreux et variés, avec une prédominance de l'actif sur le passif? »

Sage conception... Oh! Je ne veux pas me demander si notre métaphysique et notre religion ou notre romantisme de la décadence pourrait s'en contenter. Mais, évidemment, Mill, comme Epicure, comme Helvetius et Bentham, songe à la masse des hommes, à leurs besoins moyens ordinaires...

En effet, le sociologue et l'économiste apparaissent de nouveau, et sans cesse, dans le moraliste. Une telle condition est, en somme, le lot d'un grand nombre de personnes, du moins pendant la plus grande partie de leur destinée. Les obstacles auxquels il faut remédier sont une mauvaise éducation ou des arrangements sociaux défectueux.

Suivent des considérations précieuses. La vie peut manquer d'intérêt. parce qu'on est égoïste, parce qu'on manque de culture intellectuelle.

Caractère bien équilibré, anglo-saxon bien adapté à la vie, J. Stuart Mill professe un optimisme qui n'a rien de doucereux et qui est en même temps le propre d'un savant soucieux de la vérité et du progrès chez les individus comme dans la nation. Il remarque que, somme toute, chaque être humain à différents degrés est capable d'affection privée, naturelle et de sincère intérêt pour le public. Il y a tant de choses intéressantes, dit-il, tant d'autres agréables, et surtout tant à réformer, à améliorer ! Ainsi l'homme qui possède un ensemble moyen de facultés nécessaires peut se faire une existence enviable.

Assurément, ces considérations, ces convictions demeurent fort saines. Ce n'est pas ce moraliste, devenu économiste et sociologue, qui nous donnera le dégoût de l'effort et le regret de l'action. Ni scepticisme ni pessimisme chez ce théoricien convaincu qui explique cependant les phénomènes moraux et naturels du bien, du mal, des vertus et des vices, par le mécanisme brutal de l'association des idées. Mais si c'est un grand réconfort de faire sans cesse appel avec d'autres moralistes à la sentimentalité, cela comporte aussi de graves inconvénients et même de redoutables dangers.

Sans doute, il y a de grands maux positifs, l'indigence, la mort, la solitude sans affection. La lutte contre de telles calamités est le point capital du problème; mais ne pourrait-on pas adoucir, sinon éviter quelques-uns des grands maux positifs? Mill fait appel à la sagesse de la société, au bon sens de l'individu. Comme nos positivistes, comme Renan, Taine ou Berthelot, il invoque les progrès de la science d'où naîtra une meilleure hygiène sociale. Pour les vicissitudes de la fortune, il faut faire la part des imprudences grossières, des désirs malsains, des mauvaises institutions de la société.

Oh! comme John Stuart Mill a ici la foi, comme elle demeure, malgré tant d'erreurs et de crimes, devant le spectacle lamentable des haines et des déchirements, bonne et salutaire! D'après ce penseur, et d'après tous nos illustres savants philosophes qui ont poursuivi avec noblesse l'effort de nos grands « philosophes » du xviiie siècle, cette conquête du bonheur... ou du moindre malheur... sera lente. Avant le succès, bien des générations périront, mais si la volonté et l'étude ne font pas défaut, elle se fera! Et voici le grand Credo de l'utilitarisme social, de l'épicurisme renouvelé des Helvetius et des Bentham : « Chaque intelligence généreuse doit prendre avec joie sa part de lutte contre la souffrance, si petite qu'elle soit, et ne jamais la refuser. »

Passons maintenant à une seconde assertion qu'énoncent volontiers les adversaires de cet utilitarisme si calomnié. L'homme peut vivre sans bonheur, toutes les nobles créatures l'ont senti et n'ont acquis leur noblesse qu'en apprenant le renoncement. Certes, les héros, les martyrs sacrifient volontairement leur bonheur à la chose qu'ils estiment plus que ce bonheur individuel. Ici, point de psychologie amère et sarcastique chez Mill ; il se contente de remarquer que le sacrifice n'est pas fait uniquement pour le plaisir de se sacrifier. En sacrifiant son bonheur, le héros ou le martyr ne gagnera-t-il pas d'autres privilèges ? Il n'accomplirait pas son sacrifice s'il pensait que la renonciation serait sans fruit. En disciple de Bentham et d'Helvetius, le philosophe de l'utilitarisme se montre constamment hostile à tout esprit d'ascétisme ; les utilitaires, déclare-t-il, n'ont jamais cessé de réclamer la morale du dévouement personnel comme leur appartenant aussi bien qu'aux stoïques et aux transcendantalistes, mais pour eux un sacrifice qui ne tend pas à augmenter la somme totale du bonheur est inutile.

On sait que J. Stuart Mill, loin de s'arrêter sur ce chemin de l'humanitarisme et même de la tendresse entre les frères humains, va jusqu'à découvrir « dans la règle d'or de Jésus de Nazareth l'esprit complet de la morale de l'utilité ». Faire aux autres ce qu'on voudrait que les autres fissent pour vous, aimer son prochain comme soi-même, voilà la perfection idéale !

Toute la question est de savoir si elle n'est pas moralement plus belle en jaillissant spontanément du cœur qu'en vertu des calculs d'une prudente intelligence. Mais J. Stuart Mill ne se la pose pas. Comme tous les partisans de l'école des réformateurs philanthropes auxquels il appartient, il songe surtout, et nous revenons à la formule d'Helvetius, à l'établissement de lois et de conventions sociales chargées de faire que : « le bonheur, ou, pour parler plus pratiquement, l'intérêt de chaque individu soit autant que possible en harmonie avec l'intérêt général ».

Bien entendu, Mill insiste sur le caractère désintéressé de sa doctrine. Mais demander au peuple d'agir toujours en vue de l'intérêt général, n'est-ce pas trop demander ? Or, il s'agit de ne pas confondre la règle d'action avec son motif. Quel système de morale ose réclamer que le motif de toute action soit un sentiment de devoir ? Nous sommes en présence du fait. Le moraliste de l'utilité, évidemment, ne considère pas l'intention, mais l'acte. Ne peut-on pas lui dire qu'il se place ici au point de vue du magistrat, qui n'a à tenir compte d'un fait que par rapport à ses répercussions dans la société ?

Ainsi, l'objet de la vertu est l'augmentation du bonheur, mais il est certain que les occasions de faire le bien sur une grande échelle sont rares. Chacun doit travailler le mieux dans sa sphère en s'abstenant de ce qui manifestement peut être pernicieux pour la communauté.

Qu'après cela les utilitaires demeurent impopulaires, c'est possible, mais on a tort de leur reprocher de juger les actions sur leur conséquences, d'après des considérations dures et sèches, sans tenir compte de l'agent moral. Ils s'attachent à considérer les actions d'après leurs résultats et non d'après des dispositions d'esprit intéressantes pour estimer la valeur des personnes, mais non celle de leur conduite.

Le chaleureux plaidoyer de J. Stuart Mill pour défendre la cause de l'utilitarisme bien compris comporte encore divers arguments. Je crois qu'il faut s'y arrêter, car, décidément, ces pour et ces contre sont de tous les pays et de toutes les époques.

La doctrine utilitaire est-elle une doctrine athée ? Nous savons que Mill est partisan d'une morale laïque et qu'il est, après ses relations avec Comte, de tendances positivistes. En tout cas, cette nouvelle accusation ne lui paraît nullement justifiée, et il doit, dans un pays où il y a beaucoup de piétistes, montrer l'excellence d'un système qu'il croit favorable au bien public.

L'utilitarisme, dit-il, et nous retrouverons dans ce thème les déclarations précises d'Helvetius et de Bentham, est une doctrine plus profondément religieuse que tout autre si nous croyons que Dieu désire par dessus tout le bonheur de ses créatures et qu'il les a créées dans ce but.

D'ailleurs, le moraliste utilitaire, ainsi que les autres, peut avoir recours à la religion naturelle ou à la révélation et croire que Dieu considère nos actions comme nuisibles ou utiles.

Il n'est pas plus raisonnable de mettre à la charge de la doctrine les infirmités de la nature humaine, les sophismes de la casuistique. L'application du principe peut être difficile. Comme si les lois morales ne laissaient pas le champ libre à la partialité, aux désirs personnels !

On voit mieux maintenant comment le philosophe anglais, de l'école de Locke et de Hume, partant de la critique des idées d'Hamilton, aboutit, avec les positivistes, à une religion de l'humanité.

Dès l'origine, elle est comprise dans l'empirisme épicurien. Mais l'utilitarisme de John Stuart Mill, en s'étendant largement à la vie économique et sociale, a exercé une action bienfaisante sur la civilisation anglaise contemporaine. Les théories sur la liberté individuelle, la formation des caractères, l'évolution rationnelle des démocraties ont fait autant pour sa gloire que son associationnisme sans concessions et déjà, malgré son ingéniosité, bien anachronique.

Il reste aussi l'un des plus sincères et des plus ardents théoriciens des modernes conceptions épicuriennes. C'est à ce titre surtout que nous l'avons envisagé. Il n'était pas inutile non plus de signaler en passant que cet écrivain, si dépourvu de toute espèce

de kantisme, connut et pratiqua fort bien ses devoirs
d'homme, de penseur et de citoyen.

*
* *

Sur les fondements établis par le vieil Epicure l'utilitarisme a construit une philosophie toute d'action
économique et sociale.

Cela est très légitime... du moment qu'on a admis
le passage du moi aux autres moi. Et qui sait, (nous
réservons le problème) s'il ne s'explique pas dans les
forces mêmes de ce fameux « égoïsme » initial qui n'a
rien de hideux ni d'atroce puisqu'il est naturel et nécessaire ?

La morale de l'utilité n'a pu ni voulu édifier une
suprême et divine éthique de perfectionnement pour la
personne isolée dans quelque tour d'ivoire de la moralité.

Elle ne s'est jamais proposé de tuer le moi avec ses
abominables tendances égoïstes, intéressées... Oh !
décidément, quels termes laids et nuisibles !... de le
torturer par toute sorte d'expédients raffinés, de lui
faire subir une merveilleuse, mais fort chimérique pu-
rification dans l'abîme du renoncement et le néant de
l'ascétisme.

Elle a compris que nos besoins, nos plaisirs, notre
bonheur se rattachent et se rattacheront de plus en plus
à ceux des autres.

Elle n'a donc jamais fait du droit et des droits
quelque notion supraterrestre, un mystère, un concept

transcendantal dont les sophistes conducteurs des foules auraient pu abuser plus facilement dans leur volonté de puissance.

Le bonheur de l'homme, de la nation, des peuples, n'est-il pas lié d'abord à la conservation des individus et des espèces grâce à cette entr'aide, à cette solidarité qui est devenue le banal mot d'ordre de toutes les démocraties en quête de réformes et d'institutions ?

Cette morale utilitaire qui satisfait si peu et si mal aux rêves des artistes solitaires, à leur très aristocratique volonté d'extase dans quelque volupté toujours nouvelle et plus belle, qui ne répondra jamais assez aux cris et aux frissons de tous ceux qui sont dans l'angoisse, qui se souviennent, qui attendent et qui pleurent, est vraie d'une façon générale pour les besoins moyens de la masse.

Si notre intérêt doit s'accorder avec celui des autres, honneur à tous les bons esprits qui ont voulu travailler à établir sur des bases solides le grandiose édifice de la félicité parmi les hommes enfin pacifiés et fraternisés !

*
* *

Désormais, morale épicurienne ainsi entendue, morale utilitaire, morale sociale, quelle que soit la diversité des tempéraments, des méthodes préconisées, avec des degrés variables dans l'expérience, le rationalisme ou la sentimentalité, c'est tout un.

CHAPITRE VI

L'ALTRUISME
ET LA MORALE SOCIALE

Associé de plus en plus à l'idée, à la volonté enthousiaste du bien public, l'épicurisme est devenu
incontestablement dans les temps modernes une doctrine de vie et de progrès qui s'oppose à la morale de
l'ascétisme.

Quels sont les ennemis irréductibles des systèmes
où l'on part de l'idée de plaisir, d'égoïsme, d'intérêt,
d'utilité, pour aboutir du reste, — il ne faut jamais
l'oublier si l'on veut être impartial, — à des formules
souvent très austères et impératives de subordination
aux intérêts généraux ?

Ce sont, en effet, la plupart des moralistes qui ont
succédé aux théologiens du Moyen-Age. Soit par con-
viction sincère, soit par ambition, alors même qu'ils
commettent constamment et sans vergogne les sept

péchés capitaux, ils s'obstinent à prêcher que l'existence terrestre est pour tous une série de mortifications.

De nombreux idéalistes épris de radieuses béatitudes immaculées formulent aussi avec une extrême sévérité leurs préceptes anti-épicuriens et les théoriciens qui ont la bonne fortune de ne rien connaître de la vie réelle dissertent et déclament contre les abjects partisans de la volupté. Cependant, la Révolution Française s'est accomplie non seulement en vertu des grands principes de la raison universelle, mais encore en vue de la félicité commune et même du salut public commandé par les intérêts et les besoins du plus grand nombre.

Tous les penseurs politiques et les réformateurs qui ont consacré leurs forces à l'établissement d'une société nouvelle par la transformation des mœurs, des lois, des règles de la vie en commun ont été frappés, précisément, en France comme en Angleterre et dans tous les pays qui prétendaient à une civilisation, du bonheur des classes privilégiées par la naissance, par la fortune, et du malheur des pauvres, des opprimés, des foules vouées à un esclavage plus ou moins déguisé, de la masse des « prolétaires ».

Qu'est-ce que l'économie politique moderne depuis les Jean-Baptiste Say, les Sismondi, les Bastiat, avec les Proudhon, et même les plus hardis et les plus obstinés utopistes, sinon, qu'on le veuille ou non, comme avec Helvetius, Bentham et l'économiste J. Stuart Mill, un système de morale utilitaire ?

De quoi s'agit-il, en effet, sinon du développement naturel des intérêts ?

On dira : Il s'agit d'économie, et non de morale. Mais qui donc osera nier que les problèmes moraux sont indépendants des problèmes politiques et sociaux ? Si le problème politique consiste maintenant à savoir comment doivent être gérés les intérêts de la nation, a-t-on le droit, en morale, d'envisager les hommes sans tenir compte du milieu où ils sont placés, des conditions où ils vivent, de tout ce qui peut déterminer la formation des individus et des âmes ?

On dira, d'autre part : Les réformateurs partis de l'utilitarisme et qui veulent constru re une société plus juste et meilleure font appel à d'autres principes qu'à l'amour de soi, à l'intérêt. Par exemple, ils ajouteront à la notion épicurienne du plaisir ou de la plus grande somme des plaisirs possibles, c'est-à-dire du bonheur, d'autres éléments, et cela d'une façon plus ou moins consciente. S'ils ne font pas intervenir un sens moral comme Shaftesbury, ils seront obligés, comme le phénoméniste David Hume, de joindre à leur empirisme et au primitif amour de soi un sentiment « pour le bonheur du genre humain » et d'énoncer la règle générale au nom de ces grandes raisons du cœur que la raison ne connaît pas, car, sans elles, comment dépasserions-nous l'impulsion reçue de l'appétit? L'économiste Adam Smith n'a pu construire son éthique sur l'utilité, il a dû recourir au sentiment de la sympathie.

Il semble que les philosophes épicuriens peuvent répondre sans trop de peine que les sentiments, quels qu'ils soient, appelés passions par les psychologues du XVIIᵉ siècle, dérivent tous de l'égoïsme nécessaire à la conservation de l'individu. La sympathie elle-même est un fait empirique, né de l'égoïsme.

D'ailleurs, plus on y réfléchit, mieux on comprend que l'instinct fondamental de l'être ne saurait jamais se suffire à lui-même : cette assertion peut se vérifier aisément par toutes sortes de considérations même d'ordre physique ou physiologique.

Nous ne rappellerons pas ici le fervent et mystique effort social de Saint-Simon et des Saint-Simoniens auxquels il convient de rattacher, malgré l'ampleur de son système, Auguste Comte. Le Dʳ Georges Dumas, avant de se livrer, avec les ressources d'une psychologie scientifique, à l'étude approfondie des émotions, a fixé définitivement les traits de ces deux originales et puissantes physionomies, de ces deux « Messies ».

Saint-Simon est parti de l'idée qu'il fallait assurer le bonheur matériel de la vie présente. Donc, il réhabi-

litait la chair frappée jadis « d'un injuste anathème ».
Il édictait ensuite ses mesures autoritaires, rédemptait
le genre humain par la science, l'industrie, une religion toute-puissante d'amour, sauvait la femme et
constituait une hiérarchie féconde dans la société
réorganisée.

Le système de Fourier ne mériterait pas non plus
d'être oublié dans l'histoire de l'épicurisme restauré
par les progrès de la science. C'est un socialisme plein
de romanesques utopies, mais où les vues profondes
sont multiples.

Comment ne pas évoquer, après les grands théoriciens des passions nées de l'amour de soi, sa vision
de l'attraction passionnelle qui, parallèle à l'attraction
newtonienne du monde matériel, règne dans le monde
moral et possède aussi son harmonie cachée ?

Emancipons, dit-il, les passions qui sont divines.
Ce qui est néfaste, c'est la loi du devoir fabriquée par
l'homme : elle fausse la nature, et c'est la nature qu'on
doit suivre toujours.

L'auteur du fameux système phalanstérien voulait
distribuer le travail en le fécondant par les généreuses
passions qui, satisfaites, créent la joie dans l'effort,
l'émulation fructueuse parmi les groupes associés.
Rêves d'autrefois, petites réalités insuffisantes d'aujourd'hui... Chimères et grandes vérités des lende-
mains prospères et meilleurs...

L'œuvre de Fourier montre comment l'épicurisme

peut s'associer à l'idée de justice ou, si l'on veut, au rêve d'une justice peut-être chimérique.

Zola, après avoir écrit « l'histoire naturelle » d'une famille, songeait aussi, non sans candeur, dans ses derniers romans, à l'édification d'une société future sur un épanouissement libre et normal de nos passions, sur la satisfaction consentie des appétits naturels. La science réaliste de l'homme, l'eudémonisme et l'altruisme, où il convient de faire la part de l'utopie, s'unissent fort bien ainsi.

Epicure, dans son jardin, ne pouvait s'empêcher de penser au bonheur des hommes.....

Le positivisme d'Auguste Comte a poursuivi le même but par la constitution d'une science et d'une discipline sociales.

Sa considérable synthèse des sciences s'achève par la loi des trois Etats, on le sait, avec le Cours, dans la sociologie, et, d'autre part, avec le Système, dans la politique et la religion qui effrayaient non sans raison tant de disciples.

Je dois en retenir, pour ses rapports probables avec l'épicurisme et la doctrine utilitaire, la méthode fondée uniquement sur des faits, sur les phénomènes de l'expérience.

C'est un système de moralité sociale capable d'assurer le bonheur de tous et qui doit naître de la science positive.... sans la dépasser, et, bien entendu, elle la dépasse nécessairement !

Le fondateur de la philosophie positive qui doit succéder à la théologie et à la métaphysique, le farouche, bizarre et vénérable grand-prêtre de la religion de l'humanité qui, avec ses rites, ses sacrements, son catéchisme, doit succéder au catholicisme, a-t-il donc professé une morale utilitaire ?

Comme il ressemblait peu, ce pauvre grand savant féru de son système, à l'un de ces démons de l'épicurisme exacerbé qu'il faut excommunier au nom de la Morale outragée !

Pour faire la somme de toutes les connaissances humaines, pour concevoir leur évolution dans ses rapports avec les progrès de l'humanité, ce mathématicien de l'Ecole Polytechnique, ce répétiteur d'analyse, ce professeur d'astronomie, ancien et ardent disciple de Saint-Simon, incapable de vouloir comprendre sans vouloir régénérer, s'était condamné à un labeur immense de solitaire méditation, et presque à la misère.

Le noble attachement de quelques amis, comme l'excellent Stuart Mill qui voulait partager ses revenus avec lui, permit à Comte, banni des postes officiels, de poursuivre sa formidable tâche.

Quel maladroit Don Juan ce rude et hautain systématisateur des phénomènes de la nature et de la vie !

S'il avait pu s'égarer parfois sous les Galeries du Palais-Royal, c'était pour en ramener une femme légitime. Des crises de folie terrassaient son cerveau fatigué. Clotilde de Vaux se pencha sur sa douloureuse lassitude, elle ne lui donna que de l'affection et il sut l'immortaliser en la sanctifiant dans l'ardent et bizarre fétichisme où la passion malheureuse s'incorpore à la religion nouvelle, et sans doute trop « subjective ».

Il convient de rappeler, une fois de plus, que ce mathématicien relativiste est parti, en somme, du *Plan des travaux scientifiques nécessaires pour réorganiser la société* où il unissait, dès l'origine, ses deux essentielles aspirations de rénovateur. Les croyances anciennes étant condamnées, que peut-on et doit-on leur substituer? Un système de croyances adéquates à une pensée collective. Elles doivent fournir les règles nécessaires aux relations entre les membres d'une même société. Enfin, une organisation politique devra correspondre à ces croyances, à ces idées et aux tendances morales.

A quoi peut donc se résumer cette morale positive qui, née de la sociologie, s'associe peu à peu dans le *Système* à la religion et au catéchisme?

« Le positivisme, dit Auguste Comte, conçoit directement l'art moral comme consistant à faire, autant que possible, prévaloir les instincts sympathiques sur les impulsions égoïstes, la sociabilité sur la personnalité. »

Naturellement, Comte, qui, contrairement à J. Stuart Mill et même à Herbert Spencer, nie la valeur de toute méthode introspective dans la psychologie unie à ses conditions physiologiques et phrénologiques, ne s'arrête pas à commenter comme un La Rochefoucauld le fait psychique de l'amour de soi ni à faire des distinctions, comme Vauvenargues ou Jean-Jacques Rousseau, sur les manifestations variables de l'égoïsme primitif. Il est, pour ce savant, essentiellement et nécessairement lié aux conditions biologiques des individus.

Nous partons ici de la vie organique. La sociologie explique, d'après Comte, l'ascendant spontané des sentiments personnels relatifs à « l'instinct conservateur ». Mais il s'empresse d'ajouter qu'elle concilie directement cette inévitable suprématie avec l'existence continue des affections bienveillantes. Préoccupé surtout, à cette dernière époque de sa vie, de remplacer la religion catholique par la religion positiviste dont il veut être après tant d'efforts intellectuels une espèce de pape, Comte remarque que la théorie catholique représentait cette tendance constante à l'altruisme comme étrangère à notre constitution et seulement inspirée par une grâce surhumaine.

Auguste Comte a donc bien compris ou senti les obstacles que peut soulever tout épicurisme ou utilitarisme. Comment pouvons-nous passer de ce moi nécessité par les conditions mêmes de la vie à l'amour des autres ? Et il dit que le grand problème consiste à investir artificiellement la sociabilité de la prépondérance que possède naturellement la personnalité. Chez Helvetius et Bentham, c'étaient l'éducateur et le législateur qui, par l'utilisation bien comprise de nos passions, se chargeaient de nous faire passer des sentiments égoïstes au dévouement et à l'amour d'autrui. Mill a recours à l'association des idées : grâce à elle, nous aimerons la vertu pour elle-même après avoir recherché l'utilité dans ce que la société appelle le bien, et Spencer corroborera cette conception de nos habitudes utiles par celle des habitudes utiles de la race. Je ne manquerai pas d'y revenir, puisque ce sera une nouvelle forme scientifique et philosophique de l'épicurisme utilitaire. D'après Auguste Comte, la solution du problème repose sur un autre principe biologique qui est, pour reprendre ses propres expressions, le développement des fonctions et des organes par l'exercice habituel et la tendance à s'atrophier par l'inaction prolongée.

Or, si nous voulons envisager les nécessités de notre existence sociale, nous verrons, observe Comte, que nécessairement, elles provoquent « l'essor continu des instincts sympathiques tout en comprenant, ajoute-t-il, celui des penchants personnels dont la libre activité empêcherait bientôt tous les contacts mutuels ».

La morale positiviste, suivant les formules mêmes de Comte, représente donc le bonheur humain, tant privé que public, comme consistant surtout dans le plus grand essor possible des affections bienveillantes.

Ainsi, et il convient d'insister sur ce point, Comte est obligé, comme Hume, d'ajouter à son phénoménisme et au naturalisme la valeur et la puissance d'un sentiment. Bienveillance, sociabilité, altruisme, peu importe. Il est vrai que lui-même a montré, dans l'ordre nécessaire des choses, le principe de la conservation incapable de se suffire à lui-même. Mais le pauvre savant avait senti dans sa propre expérience le besoin d'une expansion sentimentale. L'intelligence scientifique, ou faculté d'analyse, combinée avec l'expérience des faits, ne pouvait sans doute pas lui dicter les règles de sa morale et encore moins les commandements de la religion nouvelle.

Du reste, reprenant le principe des premiers utilitaires, il a compris que « l'art moral » a comme but d'augmenter des influences favorables et de diminuer leurs antagonistes, et il fait appel à « une sage intervention systématique », à la fois privée et publique. Ce n'est pas Auguste Comte qui niera les bienfaits de la législation.

Comment se réalise cette prépondérance de la sociabilité sur la personnalité ? Car je continue à employer les termes d'Auguste Comte. On sait que, d'après lui, l'homme sort de sa personnalité primitive par les affections de famille et qu'il s'élève ainsi vers la sociabilité finale. A son tour, Herbert Spencer développera ce grand thème sociologique.

Laissons de côté les considérations connues sur l'affection filiale et fraternelle, puis sur l'affection conjugale et la paternité qui nous unit à l'avenir comme nous l'avons été au passé, pour insister sur la constante préoccupation qu'a le nouveau Messie de montrer la supériorité de sa conception où tout se rattache à l'amour sur celle de la philosophie catholique. Seule, sa morale est capable d'enseigner l'accomplissement habituel des devoirs sociaux; elle ne fait jamais appel aux avantages personnels. Elle embellit le plus simple précepte hygiénique « par le sentiment qui l'impose à chacun pour se rendre mieux apte à servir les autres ». Succédant à la sociologie, cette morale religieuse habitue l'homme à se subordonner à l'humanité jusque dans ses moindres actes. C'est ainsi que le savant philosophe s'interdisait peu à peu les distractions, réduisait ses menus non seulement à cause de sa pauvreté, mais encore en pensant aux malheureux qui meurent de faim. Il adoptait sa pauvre domestique. Il éprouvait profondément le sentiment attendri de la fraternité universelle qui lui semblait incompatible avec la morale métaphysico-théologique et résultant de la morale positive, régénération normale de la morale personnelle, seule conforme aux lois générales de notre nature individuelle ou collective.

*
* *

La célèbre formule redoutable et consacrée de Taine, un autre philosophe austère du déterminisme phéno-méniste, mais qui était aussi un grand psychologue, « La vertu et le vice sont des produits naturels, comme le sucre et le vitriol », me paraît avoir son importance pour illustrer les thèses essentielles de l'épicurisme scientifique.

Quel a été l'immense effort de Taine, sinon de constituer, avec les ressources de sa large érudition fortement systématisée, un ensemble de sciences morales, depuis celle de l'esprit jusqu'à la critique historique, littéraire et artistique en les étayant sur les méthodes des sciences physiques, chimiques et naturelles?

Déjà l'éthique apparaissait à Helvetius comme une physique des mœurs. Or, le savant ne doit-il pas rester impassible devant le déterminisme des phéno-mènes auxquels se rattachent les faits intellectuels et moraux, comme tous les autres ?

Avec Taine aussi, nous passons des sentiments égoïstes aux sentiments altruistes conformes aux intérêts de la société. Comment ? En raison d'une généralisation analogue à celle qui nous permet de passer constamment, et d'une façon croissante, des jugements individuels, particuliers, intéressés, aux jugements universels, généraux, désintéressés.

Les conceptions morales de Littré, qui n'était ni un poète, ni un artiste, mais un grand savant positif, bien que son positivisme se passât de toute dévotion rituelle, retiendront également notre attention.

Ce très grave et très laborieux encyclopédiste laïque dont l'aspect était celui d'un prêtre, sans la souriante onctuosité de Renan, professait, ainsi que les épicuriens et les utilitaristes, que le mal est dans l'ignorance et l'erreur. Donc, à quoi bon s'indigner ? Il faut savoir et remédier scientifiquement à ce qui est nuisible. La morale pratique et politique peut-elle avoir, d'ailleurs, un autre objet?

Littré, comme son maître Comte, fait dériver la morale des sentiments égoïstes et altruistes. Comme le chef du positivisme, il se méfie de la méthode d'introspection et bannit le subjectivisme de la science. Il conçoit donc les phénomènes moraux à travers les phénomènes organiques qui sont à leur origine.

Pour expliquer les tendances fondamentales de tout être vivant, Littré qui fit de très fortes études médicales rappelle que la substance vivante s'entretient par la nutrition et se perpétue par la génération.

Nous voici revenus, cette fois, à la compréhension exacte, précise, des besoins nécessaires de ce moi donné, dont on a tort de faire un monstre *a priori*, et dont Hobbes avait déjà souligné la vitalité.

La substance vivante a donc des besoins et de toute nécessité, elle périt s'ils ne sont pas satisfaits. Il faut qu'elle se conserve et pour cela qu'elle se nourrisse. C'est l'interprétation normale de l'égoïsme, parce que c'est la volonté même de la nature.

Avant Helvetius et d'Holbach, avant Saint-Lambert et Volney, le médecin La Mettrie avait parlé de cet égoïsme naturel chez l'homme-machine, chez l'homme-plante.

La substance vivante, qui s'entretient par la nutrition, se perpétue par la génération. Elle doit subsister non pas seulement en tant qu'individu, mais en tant qu'espèce. D'où un second instinct inhérent à notre organisme et sur lequel Littré insiste volontiers avant le cruel métaphysicien Schopenhauer et le très systématique psychiâtre de Vienne, le Docteur Freud.

D'après Littré, l'origine de l'égoïsme est dans ce besoin fondamental de la nutrition, comme l'origine physiologique de l'altruisme est dans le besoin de génération. N'oublions pas qu'Epicure n'avait pas négligé non plus la théorie des plaisirs du ventre. Quant à ceux de la deuxième catégorie, comment nier leur importance considérable, leur énorme influence sur notre conduite, sur l'évolution de nos idées et de nos sentiments personnels ? Helvetius et Stendhal, avant Fourier, ont montré que l'amour et les passions diverses qui naissent de l'amour sont des moteurs puissants dans la vie morale et sociale.

Tous les psychologues du roman réaliste et tous nos dramaturges se sont appliqués à glorifier ou à dénigrer les frénésies de la chair, les cris du cœur, leurs illuminations et leurs ardentes apothéoses, magnifiées par les grands artistes du romantisme et de la décadence.

Littré, qui n'avait guère que la passion du vrai et consacrait la majeure partie de ses nuits à des travaux d'une complexe érudition et aux *Dictionnaires*, les ramenait donc, en physiologiste, en médecin, à l'instinct sexuel.

Ah! certes, il ne s'élève guère aux Magnificat du rêve et de l'idée dans les élans passionnés du cœur, ce brave savant qui a le souci d'expliquer!... Est-ce de sa faute, d'ailleurs, si ces conditions de la nutrition et de la sexualité, fondements de notre égoïsme et de notre altruisme, sont imposés aux êtres vivants?

Ainsi notre organisme a besoin d'être nourri et d'engendrer. La vie d'expansion, sous ses formes variées, comme le besoin d'aimer, se ramène, en dernière analyse, suivant Littré, à cet instinct fondamental de reproduction.

Nos viscères et notre cérébralité sont naturellement disposés pour cette loi générale de la sexualité qui impose la nécessité d'aimer, l'union entre hommes et femmes. De là à affirmer que toutes les formes de l'amour et même que toute sorte d'inclinations et de passions se réduisent à la sexualité, il n'y a qu'un pas à faire.

C'est avec une acerbe volupté que Schopenhauer, en ricanant, ramenait l'amour le plus délicat, le plus raffiné, les plus magnifiques, les plus lyriques exaltations de la tendresse à cette sexualité que le génie de l'espèce, l'obscure volonté de vivre ordonne à toutes les créatures.

Le théoricien doctrinaire de la psychanalyse, qui a suivi jadis les cours du Dr Charcot sur l'hystérie et ceux du Dr Bernheim, de Nancy, sur la suggestion et la psychothérapie, a certainement constaté que beaucoup de névroses proviennent de l'instinct déformé de la génération.

Il est difficile, en effet, de nier le rôle de la sexualité dans un certain nombre de manies sadiques. Avide sans doute de constituer un freudisme à la mode, généralisant les observations à la manière de bien des Doctors germaniques, le Dr Freud ne craint pas de voir la sexualité non seulement à travers tous les phénomènes pathologiques, mais partout. Rien n'échappe à son investigation sexuelle ; l'appétit universel du sexe lui apparaît flagrant non seulement dans certaines louches amitiés puériles, mais jusque dans le geste de l'enfant qui tette sa mère.

L'erreur, sans doute, est de ramener l'instinct de conservation à l'instinct de reproduction, ce qui est manifestement faux. Je ne conteste pas le rôle de la sexualité dans certains actes normaux et à l'origine de beaucoup d'états exceptionnels, mais comment nier que beaucoup d'hommes, soit par tempérament, soit par éducation, s'éloignent volontiers des plaisirs de Vénus pour satisfaire leur sensualité dans la dégustation des viandes garnies et des liqueurs, et s'écartent sans peine du délire de toute morbide luxure ou même de l'ivresse d'aimer et d'être aimé pour quelque pur

havane ou quelque verre de bourgogne d'un cru rare !
Il y a cent façons d'être un pourceau d'Epicure.
Chacun a ses appétits, ses plaisirs, même si tous dé-
pendent originairement d'un instinct général et primordial de conservation.

Mais de quelle façon, d'après Littré, ces besoins de
nutrition et de génération peuvent-ils devenir des
besoins moraux ?

Le besoin de nutrition entraîne celui d'exercer les
facultés intellectuelles ; le besoin d'engendrer, de
produire produit la sociabilité. La vie morale est
constituée par ces deux ordres de besoins et de sentiments qui entrent en lutte ; la biologie, à elle seule,
nous enseigne que l'altruisme répond à des fonctions
plus compliquées, donc à un degré supérieur d'évolution.

Se conserver et s'accroître ! Nous allons ainsi des
tendances primitives, élémentaires, à la sympathie, à
la bienveillance et même, comme chez Comte, à
l'universelle fraternité. Nous passons de l'animalité à
une existence vraiment humaine où intervient aussi
l'intelligence, car, s'éloignant ici, dans une certaine
mesure des utilitaires, Littré conçoit l'idée du devoir
et de la justice comme des inclinations intellectuelles
et qui se ramènent à des éléments logiques, comme
l'idée d'identité, d'égalité.

D'ailleurs, les facultés égoïstes et les facultés altruistes ont un même siège dans le cerveau, ainsi

que les facultés intellectuelles. Par conséquent, il y a un rapport étroit entre le développement de l'égoïsme et celui des deux autres groupes, et l'inverse, grâce à la connection des cellules, est vrai aussi.

En examinant cette théorie, en lui opposant les conceptions de Guyau dont il a très dignement honoré la mémoire et celles d'Herbert Spencer, Fouillée n'a pas eu de peine à démontrer déjà que la sympathie de l'être animé pour les êtres de son espèce ne paraît pas dépendre de la sexualité. La possession sexuelle entraîne, dit-il, un esprit d'exclusion ; citant l'ouvrage d'Espinas sur les *Sociétés Animales*, il observe que l'instinct social est chez les bêtes en opposition avec l'instinct domestique. Littré étend évidemment ce terme de sexualité au-delà de ses limites.

Revenons donc aux termes généraux de nutrition et de génération, la génération étant uniquement la reproduction d'une cellule par une autre, une répétition, un prolongement. Maintenant, de ce que l'altruisme, ramené comme l'égoïsme à ses éléments physiologiques, est ultérieur et plus complexe, est-ce assez pour nous convaincre de suivre plutôt la tendance vers autrui ?

Cette tendance est nécessaire, nous a dit Spencer, qui, sur ce point, complète par des vues plus générales les théories physiologiques de Littré.

L'altruisme moral va s'expliquer ainsi par l'altruisme physique.

La nature nous montre, en effet, un altruisme, inconscient, soit, mais réel, chaque fois qu'il y a une dépense de vie individuelle pour accroître la vie chez les autres individus.

Généralement, les infusoires brisent leurs corps en parties minuscules dont chacune va être le germe d'un autre être.

Chez certains animaux supérieurs, les parents abandonnent une partie de leur substance pour constituer celle de leurs petits. En certains cas, ils meurent aussitôt après avoir donné la vie.

Voilà donc bien, comme le rappelle Fouillée, un « sacrifice inconscient ». N'y a-t-il pas aussi un sacrifice matériel dans l'acte de procréation, dans l'allaitement qui doit permettre à l'enfant de subsister, etc... ?

Nous revenons donc à l'instinct de la génération qui s'ajoute à celui de la conservation pour expliquer l'origine naturelle et nécessaire de toutes nos actions, suivant les adeptes de Darwin et de Spencer.

*
* *

Née du positivisme de Comte comme des larges et fertiles hypothèses de Lamarck et de Darwin, la philosophie évolutionniste de Spencer nous apporte précisément l'une des formes les plus savantes et les plus intéressantes de l'épicurisme transformé en utilitarisme et de plus en plus adapté à nos besoins comme à nos devoirs sociaux.

On a souvent montré la valeur de cette vaste systématisation de nos connaissances, de cette nouvelle cosmogonie qui, partie de la nébuleuse de Laplace, grâce à l'évolution de la matière passant de l'homogène à l'hétérogène et à la transformation des espèces, aux influences ancestrales, aux lois de la sélection et de l'adaptation, ainsi qu'aux influences ethniques, conduit à une philosophie de synthèse et de conciliation que les Anglais, sans renier leur génie national, peuvent opposer avec fierté aux conceptions les plus grandioses.

Il ne faut pas oublier non plus que tout en accordant à l'étude des phénomènes la part qu'elle doit avoir dans une doctrine moderne, Spencer ne supprime pas l'Absolu et l'Inconnaissable. Son agnosticisme final a pu être admis à la fois par les traditionnalistes et les modernistes.

Rappelons surtout ici, néanmoins, dans ce vaste labeur d'un savant si honnête et si désintéressé, dans ce système énorme et dépourvu de tout vain dogmatisme autoritaire, les belles pages, sans doute les moins connues de cette œuvre colossale, où Spencer se fait le champion des vérités essentielles enseignées par la nature et la vie et lutte avec autant de vigueur que de probité contre les préjugés, contre les superstitions dont il montre, d'ailleurs, les origines et le développement pour mieux les dénoncer et assurer le triomphe de la saine civilisation.

L'évolutionniste et darwiniste Spencer **est**, malgré certaines divergences d'opinions, un positiviste et un utilitaire en éthique ; sa cosmologie aboutit à une morale dite « évolutionniste » qui ne se sépare guère, non plus, chez lui, de la pédagogie, de la politique et de la sociologie. L'idée du bonheur, du bonheur personnel et universel avec l'idée du plaisir et de l'utilité, est encore et toujours à la base d'une telle doctrine. Bien plus, l'utile, c'est-à-dire la fin à laquelle chacun aspire nécessairement, va devenir une nécessité, naturelle, une obligation physique qui entraîne, par la force même de la nature, l'individu à son bien particulier, puis à celui de tous.

Le naturalisme de Darwin a rendu au concept épicurien de l'amour de soi et du bonheur, à la pensée de Hobbes, de La Rochefoucauld et de leurs continuateurs toute sa réelle valeur scientifique, philosophique et « morale » en opposition aux principes supra-naturels, aux commandements des modernes théologiens de la moralité. L'amour de soi qui doit nous guider vers le bonheur est une vérité aussi évidente pour les darwiniens que celle de la persistance de la force. Quels que soient les effets de l'un et de l'autre dans le monde physique et moral, il faut les reconnaître à la source même de toutes les manifestations les plus diverses et les plus opposées.

Que la morale évolutionniste soit d'abord un épicurisme, une philosophie du bonheur, de nombreux textes nous l'enseignent, et de la manière la plus explicite.

Les hommes auraient-ils été créés afin d'être pour eux-mêmes des sources de malheurs, afin que le Créateur ait la joie de contempler leurs souffrances ? Cela n'est pas vrai !

Sans parler des religions inférieures où les dieux sont des ancêtres sanguinaires divinisés, ni des fakirs et des derviches, sans s'étendre sur les peines et les mortifications, il y a encore beaucoup de gens qui s'imaginent volontiers qu'on offense Dieu en se procurant du plaisir.

Cependant, le plaisir est un inexpugnable élément de toute conception morale, une forme nécessaire de l'intuition morale, de même que l'espace est une forme nécessaire de l'intuition intellectuelle. Si l'on veut comprendre la signification du mot bon ou mauvais, il faudra bien convenir, ouvertement ou tacitement, déclare Spencer en établissant les *Bases de la Morale Evolutionniste*, que « la raison dernière pour continuer de vivre est uniquement de goûter plus de sensations agréables que de sensations pénibles et que cette supposition seule permet d'appeler bons ou mauvais les actes qui favorisent ou contrarient le développement de la vie ».

Si nous appelons bon, et Spencer multiplie les arguments que je me contente de résumer en me servant de ses expressions, tout acte si bien adapté à sa fin

qu'il favorise la conservation de l'individu et assure ce
surplus de plaisir qui rend la conservation de soi désirable ; si nous appelons bon tout genre de conduite
qui aide les autres à vivre, et cela dans la croyance
que la vie comporte plus de bonheur que de misère,
alors, il est impossible de le nier, ce qui est bon se
confond universellement avec ce qui procure du plaisir.

Je suis ici Spencer de très près et cite ses propres
termes, persuadé qu'il est bien difficile de ne pas
comparer les données générales de son système de
morale à celles de l'hédonisme antique. Les formules
mêmes sont en bien des cas analogues. Les utilitaires
les ont, il est vrai, vulgarisées. Spencer ne pouvait pas
ne pas y revenir en joignant à l'empirisme des individus, à travers les différenciations de la matière et les
métamorphoses des peuples soumis aux lois de l'évolution, celui de l'espèce tout entière.

Il se produit, d'après Spencer, une double adaptation de l'humanité aux besoins de l'individu et de l'individu à ceux de l'humanité. Ainsi doit s'établir le
compromis entre les deux notions opposées, mais
également nécessaires, d'égoïsme et d'altruisme.

Avec un splendide optimisme propre à nous ins-
pirer de la confiance, malgré toutes les calamités et
toutes les infamies dont nous demeurons très douloureusement les témoins impuissants, Spencer ne perd
jamais de vue ni le progrès, ni ce maximum de
bonheur pour tous que le progrès implique.

Ce n'est pas que le philosophe de l'évolutionnisme ferme les yeux devant les vices, l'immoralité, la cruauté. Comme cet état d'universelle félicité est encore loin ! Combien il y a encore de loups qui se déchirent... Hélas ! au lieu des paradis de l'altruisme réalisé, il n'y a encore partout que des champs de carnage ; au lieu des actes de bienveillance et de bienfaisance réciproques, il y a encore et toujours un univers mis à feu et à sang.

Herbert Spencer, qui s'était voué à la vie solitaire et à la pauvreté afin de poursuivre sa lourde tâche désintéressée, a eu la chance de mourir une dizaine d'années avant la guerre la plus atroce et la plus sanglante qui ait décimé le genre humain.

Comment sa grande voix qui a glorifié la marche du progrès par la science pourra-t-elle encore nous consoler ?

Spencer s'était plu à étudier longuement les instincts des enfants dûs aux habitudes héréditaires. Il faisait observer que l'homme a un passé terriblement lourd et qu'il fut un temps où l'état de guerre était constant. Il savait que nous vivons dans une période de transition. Il prévoyait une époque bénie où, après l'ère des luttes et des révolutions, règnerait enfin la paix dans le bonheur de la communauté, grâce aux conditions du travail adaptées aux lois de l'offre et de la demande. Il croyait que l'industrialisme bien combiné, capable de laisser des loisirs à l'individu et de permettre l'essor des sentiments et de l'activité esthétique, remplacerait le militarisme. Il avait un bel idéal de liberté, d'égalité pour tous les citoyens désormais unis dans l'équilibre final entre les sentiments égoïstes et altruistes.

A cet équilibre final l'humanité doit parvenir après avoir passé des sentiments égoïstes, de la période où l'homme n'existe que pour lui-même, ne pense qu'à satisfaire à ses besoins et à ses désirs, aux sentiments égo-altruistes, à la période où l'homme comprend les avantages qu'il retire de la vie en société et rend quelquefois des services après avoir reçu les bienfaits d'autrui. De même, l'individu passe de son moi à ceux de sa famille, des *siens*, puis de la cité, de l'Etat et du monde.

Peu à peu, la société a consacré par toute sorte d'avantages les services rendus à la communauté et cette association d'idées entre le bien et l'utile, dont J. Stuart Mill avait montré toute l'importance, constitue des principes innés d'action qui contre-balancent les penchants purement égoïstes et personnels.

Spencer en vient à glorifier dans une espèce d'apothéose l'état d'altruisme final où l'on ne se contente pas de ne pas nuire à autrui, où l'on s'associe de plus en plus au bonheur de tous et de chacun, où l'on découvre soi-même, en ce puissant élan de sympathie et d'amour, le suprême bonheur.

Le philosophe de l'évolutionnisme parlait à un

peuple chez lequel l'amour de l'expérience et le sens
utilitaire s'allient au respect de la tradition et, dans
la classe la plus nombreuse, de la foi héréditaire et
stricte.

Il concèdera à la faiblesse humaine de trouver la
solution des plus hauts problèmes et la suprême consolation sur les chemins de l'Idéal que laisse ouverts
notre ignorance des mystères de l'Absolu et de l'Inconnaissable.

Mais, en quelques sincères et fortes pages, il a ré-
pondu aux adversaires de son naturalisme illuminé
par sa foi dans l'avenir des sociétés, aux chrétiens qui
invoquent sans cesse les sublimes préceptes du Divin
Maître et pratiquent lâchement le paganisme.

Sans doute, la doctrine de l'égoïsme transformé
par l'évolution et l'adaptation en altruisme peut déplaire aux gens qui s'acharnent à suivre le dogme
atroce de la damnation éternelle, à vouloir que la règle
de la force, utile à certains moments, soit bonne dans
tous les temps et à convertir, l'épée à la main, leurs
contradicteurs.

Sans doute, les législateurs (c'est Spencer qui
parle) n'approuveront pas non plus une telle doctrine
si, après avoir demandé dans leurs prières qu'on par-
donne aux autres, après avoir invoqué la bénédiction
du Dieu tout-puissant, ils « pourvoient immédiatement au moyen de commettre quelque brigandage politique ».

Dans cet épicurisme bâti, comme tous les systèmes du même genre sur les tendances fondamentales, les dispositions naturelles de l'individu, mais renouvelé par les conceptions fécondes de Darwin sur la conservation et le développement des espèces, Herbert Spencer reprend donc à son compte, pour défendre l'idée du bonheur individuel et universel, les grandes revendications humaines contre l'hypocrisie, le despotisme et le fanatisme qui, malgré leurs omissions et leurs erreurs, font la gloire véritable des grands épicuriens français du xviiie siècle...

... — Ambitieux de l'efficacité des idées dans les actes, l'Américain William James rattachait volontiers son effort à celui de J.-S. Mill et son « pragmatisme » à l'utilitarisme. Il était préoccupé non de théories stériles, de chimères, mais de conséquences. C'est pourquoi il affirmait la nécessité de la joie.

Que de joies possibles n'y a-t-il pas de plus en plus dans les découvertes modernes ! Le meilleur code de l'épicurisme utilitaire, opposé à l'ascétisme, est dans le progrès scientifique appliqué à la vie, avec tout ce qu'il peut contenir de voluptés, depuis celle de la vitesse en automobile jusqu'au miracle sonore de la téléphonie sans fil...

Egoïsme, amour-propre, intérêt... Comme elles sont humiliantes, ces expressions consacrées !

Et, décidément, ne faudrait-il pas leur substituer le mot : « Joie » ?

CHAPITRE VII

IDÉALISME ET PESSIMISME

Dans ses *Problèmes de Morale et de Sociologie*, Herbert Spencer analyse les théories essentielles de la doctrine de Kant sur les principes de la moralité en citant sa célèbre formule : « N'agissez que selon la maxime de laquelle vous pouvez en même temps vouloir qu'elle devienne une loi universelle ».

Spencer a le souci d'établir que la théorie kantienne tant vantée comme supérieure à celle de l'opportunité ou de l'utilitarisme est forcée de prendre pour base ou l'opportunité ou l'utilitarisme. Elle ne peut échapper, dit-il, à la nécessité de concevoir le bonheur et le malheur pour soi et les autres ou pour tous à la fois comme devant être respectivement conquis ou évité. Qu'est-ce qui pourrait déterminer la volonté, demande-t-il alors, pour ou contre un mode d'action donné, sinon que l'on peut concevoir le bonheur ou le malheur à la suite de ce mode d'action s'il devient universel ?

De même que, dans l'antiquité, le platonisme, sous toutes ses formes, compliqué de rêveries mystiques et de toutes sortes de constructions *a priori*, et le stoïcisme, avec sa théorie de la représentation et ses dogmes intangibles, se dressaient contre l'empirisme en physique et en éthique, de même, dans les temps modernes, le kantisme, après le rationalisme innéiste de Descartes et de Leibnitz, s'élève contre toute philosophie de l'intelligence ou de la moralité qui part uniquement de l'expérience.

Le philosophe de Kœnigsberg, l'illustre fondateur du criticisme, a donné une orientation nouvelle à la pensée moderne ; il aboutit, on le sait, par la *Critique de la Raison Pure*, à l'impossibilité de toute métaphysique rationnelle, mais en creusant l'abîme entre le monde phénoménal régi par le déterminisme et celui des noumènes obéissant à une loi mystérieuse et suprasensible de liberté, il construit dans la *Critique de la Raison Pratique* et la *Métaphysique des Mœurs* une morale essentiellement dogmatique, métaphysique et religieuse.

Malgré la noblesse de ses intentions, sa théologie morale reste d'autant plus inquiétante pour la pensée libre qu'elle se prétend fondée uniquement sur la raison et que cette raison se réduit à un ensemble de croyances piétistes dont on ne saurait nier la majestueuse pureté.

Si je ne regrette pas d'avoir écrit *Helvetius*, je ne regrette pas non plus d'avoir jadis, à une époque où il fallait encore une certaine audace pour le faire, dénoncé « une influence dangereuse sur la pensée française », celle du grand Kant.

A la fin du xixᵉ siècle, beaucoup de jeunes esthètes s'étaient rués vers Nietzsche, parce qu'il exaltait, en ses visions de poète-philosophe apocalyptique et païen, les désirs, les joies, les ivresses de l'homme, la gloire de la puissance et de la domination.

On lisait donc Nietzsche, mais en somme, assez vaguement, avant de l'étudier, de l'interpréter. Cependant son action était restreinte, spéciale. Les délires dyonisiaques, les merveilleux exploits des surhommes restaient des conceptions d'artistes, de raffinés.

D'ailleurs, on avait conscience de cette petite influence particulière. La plupart des intelligences françaises ne pouvaient guère *mordre* à Nietzsche.

Mais on *mordait* beaucoup, beaucoup trop, et plus ou moins consciemment, à Kant. C'était très authentique et plus grave.

Il est trop réel que, malgré Ribot, les derniers positivistes, les psycho-physiologistes, les psycho-physiciens, le joug kantien sévissait sur l'Université. Cette action s'exerçait, d'une façon lente et certaine, sur une élite par l'enseignement supérieur et les jurys d'agrégation. Elle se propageait ensuite dans les « philosophies » des lycées et collèges.

Certes, M. Maurice Barrès, qui se trompait quel-

quefois, malgré son beau et subtil talent, ne se trompait
pas en mettant dans la bouche du normalien Bou-
teiller, devant sa classe lorraine de futurs déracinés, des
formules d'un kantisme autoritaire.

Puisque Kant apparaît, encore et toujours, comme
le plus puissant adversaire de l'empirisme épicurien,
de l'utilitarisme moderne, même rajeuni par les théories
de la science contemporaine, il ne me semble pas inutile
d'expliquer l'influence... qu'il exerça, et d'y insister
au besoin.

Au commencement du xix\ufe62 siècle, après le mé-
diocre La Harpe, Cousin et ses disciples s'achar-
nèrent sur les néfastes sensualistes qui ne s'étaient pas
contentés de célébrer le Vrai, le Beau et le Bien avec
des phrases austères ou brillantes et des théories à l'eau
de rose.

Alors un spiritualisme sans grandeur, sans horizons,
calqué sur une dévotion étroite et roublarde, aussi
malsain pour la religion que pour la philosophie,
régna sur la pensée française. Il y eut une génération
d'écrivains qui se croyaient des philosophes. C'étaient
des lettrés « fins et délicats ». Ils avaient peu d'émotion.
Ils se tenaient sagement dans la tradition à l'abri du
mysticisme et de la métaphysique. Ils évitaient, en général, avec un soin scrupuleux et touchant, la profondeur du sentiment, la hardiesse de la réflexion, la brutalité de l'analyse réaliste.

Taine les dénonça vigoureusement, cruellement.

Il eut des disciples, mais on se méfiait de sa méthode systématique, de son idéologie, de son art.

D'autre part, Ravaisson, qui n'était pas beau, mit de l'esthétique dans le spiritualisme et mérita d'être aimé, écouté. Mais ses intuitions, sa foi charmante, séduisante, un peu naïve au fond, un peu dogmatique aussi, tout de même, ne s'imposèrent pas comme une doctrine, comme le criticisme savant de Renouvier.

L'Ecole Normale s'engagea définitivement avant 1870 dans la voie d'un kantisme renouvelé sous les auspices de Lachelier, l'auteur digne et docte de la fameuse thèse sur *l'Induction*. Maîtres et élèves s'attaquèrent au problème de la connaissance, risquant d'oublier, dans la façon adroite, beaucoup trop adroite, hélas ! de construire la réalité, la réalité elle-même.

Cette crise d'idéalisme transcendantal qui s'aggravait d'une éthique non moins transcendantale dura, on le sait, jusqu'à l'avènement du pragmatisme, au triomphe des doctrines enseignées notamment par M. Bergson et William James. Puissent de maladroits et incompréhensifs disciples ne pas brûler trop d'encens dans la nouvelle cathédrale philosophique et rendre l'atmosphère de ses chapelles irrespirable, comme celle de la théologie et de la scholastique kantiennes !

Il est évident, d'ailleurs, que depuis la Grande Guerre et malgré les services rendus par Kant à l'idée du Droit et de la Paix entre les nations, on se vante beaucoup moins d'avoir sacrifié avec un zèle intempestif aux mythes et aux idoles kantiennes. Ceux mêmes qui lui consacraient en vastes in-8 toute leur vie intellectuelle se vantent surtout d'avoir seulement critiqué les *Critiques !*

Je conçois dans une certaine mesure l'engouement que l'on peut avoir pour le puissant génie de Kant.

Il a cherché à établir le rôle et les limites de l'entendement en face de la nature. Il a tenté de restituer à la grandeur humaine sa valeur, sa supériorité en présence de la matière.

Dès ses premières *Dissertations*, Kant comprend la nécessité d'expliquer ces deux faits : la science et la morale. La dignité de l'espèce humaine est, pour lui, dans la recherche de la vérité. Il se voue donc à l'étude des lois de Kepler et de Newton, à la physique mécanique. Or, Rousseau, (et je souhaite que les futurs historiens de la philosophie insistent davantage sur ce point essentiel) lui enseigne le véritable prix de l'homme.

Son éducation piétiste l'a prédisposé à écouter cette grande voix. Aussi, il trouve dans la conscience — c'est-à-dire dans sa conscience ! — avec la perception des rapports entre les phénomènes un principe inné de justice et de vertu d'après lequel nous jugeons toutes les actions.

Il substitue donc à l'instinct, au sentiment variable, obscur, de Jean-Jacques, innéiste en morale comme il est antisensualiste en psychologie, l'intelligence capable de fixité, d'universalité.

Donc, Kant finit par confondre l'intelligence appliquée aux lois non écrites et suprasensibles de l'éthique avec sa haute et magnifique conscience morale.

Enfermé dans sa chambre solitaire de Kœnigsberg, le regard tourné vers un clocher et l'immensité du ciel, il projette sur autrui sa conscience, sa religion. L'infini qu'il n'a pu atteindre par sa spéculation théorique, puisque la raison pure vouée aux problèmes de la métaphysique ne conduit qu'à des paralogismes, il le crée en cherchant à définir, d'après sa foi, un idéal sublime dans la moralité.

Selon Kant, on obtient juste le contraire du principe de la moralité si l'on prend pour principe déterminant de la volonté celui du bonheur personnel. Les limites de la moralité et de l'amour de soi sont clairement marquées à ses yeux. Et il distingue la maxime de l'amour de soi, qui se confond avec la prudence et conseille, de la loi de moralité qui seule commande. « Le principe du bonheur, dit-il, dans l'Analytique de la *Critique de la Raison Pratique*, peut bien fournir des maximes, mais il ne peut jamais en donner qui soient propres à servir de lois à la volonté, même si l'on prenait pour objet le bonheur général. En effet, puisque la connaissance de ce dernier repose sur les pures données de l'expérience, que tout jugement de chacun sur ce sujet dépend de son opinion, qui est en outre elle-même très changeante, on peut, il est vrai, en tirer des règles générales, jamais des règles universelles, des règles qui, l'une portant l'autre, se trouvent le plus souvent excellentes, mais non des règles qui, toujours et nécessairement, doivent être valables ; par conséquent on ne peut fonder sur ce principe des lois pratiques. »

Cette vue a fleuri naturellement chez Kant imprégné dès l'enfance de l'esprit qui régnait au séminaire où, sous la direction de son premier maître Schultz, il cherchait la régénération dans cette lutte dramatique de la conscience contre l'égoïsme et les passions.

Il y a souvent chez Kant, en effet, comme chez Rousseau, un souci profond, mal dissimulé, de rédemption, de salut. C'est cette inquiétude pathétique du Divin et de l'Absolu qui m'attirait, jadis, ainsi que beaucoup d'autres, je pense, au cours de mon illustre maître et ami Boutroux sur Pascal, et sur Kant.

On trouvait enfin à la Sorbonne un frisson, une ferveur, une source de recueillement et d'extases intellectuelles. Avec toute son autorité, son ampleur et sa pénétration, Boutroux nous initiait à Kant. Ces souvenirs ne m'ont pas interdit de considérer les dangers du kantisme et du néo-kantisme, surtout amincis et codifiés.

Sa philosophie, dont les programmes universitaires à peine élargis conservent les formules à peine modifiées, fournit toute espèce de cadres, de règles définitives, exclusives ; et il convient sans doute de donner des règles à la jeunesse avec l'espérance qu'elle sera disciplinée, ainsi que l'humanité présente et future !

Mais il ne suffit pas d'énoncer, d'un ton majestueux, les commandements d'un Décalogue de supra-moralité chrétienne et stoïcienne présentés comme le pur produit de la Raison pure pratique, pour que l'humanité daigne les suivre, même en les reconnaissant.

Je n'ai jamais nié la compétence des maîtres qui, comme le regretté Hamelin, sont partis de Kant et ont continué une tradition. Mais, à l'ombre des savants et des spécialistes, combien de pauvres néophytes ont barboté d'une façon peu transcendante dans les marais d'une Analytique ou d'une Dialectique transcendantales et se sont noyés piteusement au milieu des Antinomies avant d'énoncer les préceptes purs que la Morale Pure adresse aux esprits purs !

On conviendra que, grâce au kantisme, on pouvait doser avec habileté l'innéisme et l'empirisme, réconcilier au sein même de la philosophie le libre arbitre et le déterminisme, la morale et la science.

Cela présentait beaucoup d'avantages. Cela permettait de faire une bonne petite guerre à la métaphysique, (Dieu merci, elle ne s'en portait pas plus mal !) quitte à restaurer ensuite, par des affirmations d'une éthique impérieuse, certaines vérités utiles.

On comprend bien, lorsqu'on veut se donner la peine d'y réfléchir librement, la vogue d'un kantisme rapiécé, tronqué, truqué, étriqué, dans la pédagogie.

Le noble sens religieux de Kant était mis de côté avec prudence. Mais après s'être servi de ses dogmes,

de ses catégories que l'on simplifiait, multipliait, dé-
formait, définissait, comparait à jet continu, sans pitié,
on vous sortait son Impératif Catégorique comme un
terrible *deus ex machina* pour mater l'égoïsme, pour
dompter une bonne fois les passions et les intérêts.
Et tout cela était superficiel, artificiel, officiel.

Donc, on distillait Kant en chapitres, sous-chapitres,
théorèmes, propositions. On utilisait son jargon, son
obscurité. On adoptait, sinon son noumène trop pro-
blématique, et dont plusieurs de ses meilleurs élèves
s'étaient déjà débarrassés, du moins sa sanctification
du Devoir.

En errant dans le domaine de la « moralité et de la
liberté intelligibles », on arrachait d'ailleurs volontiers
à la philosophie de Kant ce qu'elle pouvait avoir
d'éperdu et de mystique pour l'approprier, en lan-
gage adéquat, à l'usage des esprits chétifs, à un soi-
disant rationalisme correct, maigre, rigide, sans valeur
pour l'action.

L'excès de kantisme risquait et risquera toujours de
devenir une sorte de jeu intellectuel parfois imposant,
ingénieux et spécieux, mais tout à fait stérile chez les
humbles disciples qui s'égarent dans le labyrinthe de
la Connaissance ou le royaume des fins en soi. Il crée,
en psychologie comme en morale, un formalisme lourd,
étroit. Il est à la fois l'ennemi de l'observation et de
l'effusion.

Nous n'insisterons pas ici sur ce fait trop ignoré que

de remarquables esprits, même éloignés du criticisme, sont demeurés trop longtemps soumis à sa discipline verbale, à ses classifications complexes, innombrables, et ont conservé dans la plus moderne sociologie des habitudes kantiennes et néo-kantiennes.

Or, il faut prendre garde et ne point se méprendre sur tant de constructions brillantes et peu solides, de vaines abstractions.

Nous aimons nous mettre à l'abri de l'existence et de l'expérience cruelles en nous attachant à ceux qui ont célébré comme Rousseau les symphonies du sentiment ou comme Kant celles de la pensée. Mais, pour vivre et comprendre la vie, il ne suffit pas de répéter les aphorismes du maître et de la moderne théologie morale en y joignant quelques variations inutiles.

D'autres, avant et après moi, ont pour des motifs divers attaqué le kantisme. Pour mon compte, je sais fort bien ce qu'on peut me répondre. Le penseur chrétien, le théoricien de la *Raison Pratique* n'a pas toujours calomnié le principe « pathologique » ; il a fait dans bien des cas la part d'un « épicurisme » raisonnable, d'un « bonheur » nécessaire. Si ce contempteur de la métaphysique a dû en dernière analyse abolir la science pour faire place à la foi, comme il le déclare dans une préface de la *Critique de la Raison Pure*, s'il a construit de toutes pièces le roman de la bonne volonté se voulant elle-même et celui de la loi morale, loi de la liberté commandant par des principes de détermination à tous les hommes, il ne nie pas cependant l'anthropologie et traite même de notre « animalité ». Mais c'est la pensée maîtresse de Kant, sa doctrine essentielle qu'il faut interpréter et combattre en tant qu'elles ont pu nuire à l'évolution des idées et à la pratique de la vie sociale.

Pendant qu'on assaisonnait Kant de quelques théories cartésiennes et qu'on mettait sa scholastique à la sauce scolaire, on négligeait le réel.

En se gavant de jugements synthétiques *a priori* et de postulats rédempteurs, on oubliait qu'il existe des pauvres, des riches, des fripons, des filles, des apaches, des esquimaux, etc...

En s'appliquant à formuler avec art, en sanctifiant l'autonomie de la volonté, on oubliait que des types infinis d'humanité se sont différenciés par des séries d'événements, que les individus et les sociétés ne se créent pas, ne se transforment guère par la prédication philosophique, mais par les milieux, les lois, les conditions de la vie économique et réelle.

Si nous considérons que l'homme est naturellement bon, comme Rousseau le dit, ou qu'il connaît *a priori* la loi du Devoir sublime et strict qui se révèle à chacun dans un commandement de la science morale, comme Kant le fait croire, ne devons-nous pas fatalement nous désintéresser du progrès chez les individus et dans l'humanité ?

Que pouvons-nous dire au brigand et à la malheureuse fille des rues si nous estimons qu'ils ont une conception innée du bien et du mal ? Il faut opposer à la vindicte brutale et irraisonnée, au délire des sentiments, aux suggestions malfaisantes un ensemble de suggestions salutaires dues à une éducation et à une législation supérieures... Et telle était bien la vue principale que l'auteur d'Helvetius voulait jadis dégager de sa philosophie, telle est celle qu'il voudrait encore à présent distinguer dans les théories des épicuriens utilitaires modernes en l'opposant aux dogmes des kantiens et néo-kantiens obstinés à avoir des yeux pour ne pas voir, des oreilles pour ne pas entendre...

L'un des disciples les plus fervents de Kant, — du Kant de l'*Esthétique transcendantale*, de l'idéalisme, du monde nouménal opposé à celui des phénomènes, — fut aussi l'un de ses plus amers et cruels détracteurs. « L'interprétation de la conscience, suivant Kant, dit l'auteur du *Mémoire sur le Fondement de la Morale*, l'âpre moraliste et ténébreux métaphysicien Schopenhauer, est imposante. Le lecteur frappé de respect et de crainte reste muet... Il installe dans notre for intérieur un tribunal avec procès, juge, accusateur, avocats et arrêt.

Si les choses se passaient en nous comme le donne à penser Kant, il n'y aurait point d'homme, je ne dis

pas assez méchant, mais assez stupide pour braver la
conscience... »

Et Schopenhauer, qui trouve aisé de prêcher la morale et difficile de la fonder, raille d'un ton fort acerbe
cet appareil surnaturel, étrange, déployé dans notre
conscience intime, cette sainte Vehme masquée sié-
geant dans le mystère nocturne de notre for intérieur.

La réalité est, d'après lui, bien différente : en général,
la conscience n'a qu'un pouvoir bien faible. Aussi tous
les peuples ont songé à lui donner comme aide et parfois comme remplaçante la religion.

Par quoi donc est déterminée la conduite de
l'homme? Par l'égoïsme qui régit ses actes. Sur ce
thème Schopenhauer ne tarit jamais. Lorsqu'il a
aperçu dans tous les faits moraux des expressions di-
versifiées de cet égoïsme invétéré, fondamental, il a
cru s'être trompé, mais Helvetius, qu'il a certainement lu et relu, l'a « rassuré ».

A notre tour, il faut lire ou relire, par exemple, le
livre IV du *Monde comme Volonté et comme Représentation* ou les paragraphes les plus agressifs de son
Mémoire non couronné par l'Académie de Copenhague
et trop peu académique, il est vrai, si nous craignons
de ne pas connaître assez exactement un monde que
ce Méphistophélès, d'un très littéraire et artistique
pessimisme, juge composé pour les cinq sixièmes au
moins de coquins, de fous et d'imbéciles.

Nous y apprenons, si nous ne le savons déjà, que

chaque individu, un rien dans l'espace sans bornes, se considère néanmoins comme le centre du monde et se préoccupe avant tout de sa conservation et de son bien-être, que chacun sera toujours prêt à tout sacrifier à sa personne et verra sans peine le monde s'anéantir s'il peut ajouter à ce prix un instant de plus à la durée de son moi.

Oui, parce que chacun se connaît immédiatement alors qu'il connaît les autres indirectement, chacun est, à ses yeux, le tout de tout, il porte en soi son univers dont il est le centre. C'est la gravitation de soi sur soi dont parlait d'Holbach en voulant, comme Helvetius, fonder la morale sur l'intérêt.

Et les formules sceptiques, misanthropiques, de Schopenhauer se suivent, se multiplient non sans une subversive allégresse dans la forme qui voudrait être démoniaque pour déplaire davantage aux philoso-phailleurs, aux amateurs saugrenus, aux dénoncia-teurs d'athées, aux rusés personnages qui allèguent toujours les arrêts absolus de la Raison et les révéla-tions pour mieux dissimuler leurs interventions inté-ressées.

Ainsi, pas de bien, ni de mal en soi, mais le règne de la force, les manifestations variées de l'égoïsme, tel est le spectacle que nous offre l'univers déterminé par la force obscure, éternelle, du vouloir vivre, de cette Volonté toute-puissante à laquelle nous obéis-sons pour notre plus grand malheur en perpétuant la vie.

Où sera donc le critérium de l'acte qui a une valeur morale? Dans l'absence de tout motif égoïste, puisque l'égoïsme est le principal ennemi qu'ait à combattre le motif « moral »; et, puisque tout est volonté, il faut opposer à la méchanceté, c'est-à-dire à la volonté poursuivant le mal d'autrui, la pitié, c'est-à-dire la volonté poursuivant le bien d'autrui.

Tel est le ressort de la moralité, d'après Schopenhauer, comme d'après les philosophes hindous qui, après avoir montré le rôle de l'Illusion dans notre conception de l'univers et de notre existence, prêchent la compassion pour tous les êtres vivants qu'il faut préserver de la souffrance. Les anciens n'avaient-ils pas d'ailleurs élevé des autels à la déesse Pitié? Jean-Jacques Rousseau, qu'il ne faut pas nous étonner de rencontrer ici, n'a-t-il pas opposé, dans son *Discours sur l'Egalité*, au principe de Hobbes un autre principe donné à l'homme afin d'adoucir en certains cas la férocité de son amour-propre, de tempérer « l'ardeur qu'il a pour son bien-être par une répugnance innée de voir souffrir son semblable »?

Le panthéisme de Schopenhauer s'achève dans une philosophie mystique de la pitié entre les frères humains, qu'il joint au pessimisme ascétique... Oh!

très théoriquement, cela, et peut-être surtout par esthétique.

Il en est de même chez Tolstoï dont M. Georges Dumas a fort bien commenté naguère, à la lumière des textes, la philosophie de l'amour. Que veut l'homme, ce roi de la création, sinon jouir, jouir encore et toujours? Or, qu'y a-t-il dans la jouissance, sinon le regret, le malheur, l'inassouvissement et toutes les calamités? Dès lors, ne vaut-il pas mieux *renoncer* à tous les plaisirs ?

Cette thèse, on l'a vu, ne laisse pas d'être l'une des principales du sombre épicurisme primitif ; l'individu, recroquevillé sur lui-même, s'éloigne de tout ce qui peut faire la fameuse joie de vivre et s'abstrait, se réduit, s'anéantit, afin de ne plus jouir et, par conséquent, de ne plus souffrir ensuite.

Elle s'étale encore dans le pessimisme grandiloquent, touffu et baroque des Hartmann et des Bahnsen. Si l'homme ne peut pas plus sortir de son moi que de sa peau, pour reprendre la significative expression de Max Stirner, si ce moi reste la proie d'une obscure volonté éternelle, d'un Inconscient féroce, que faire, sinon le supprimer?

Comme le suicide de l'individu n'offre rien de spécialement séduisant à ces monistes allemands, ne vaut-il pas mieux recourir au suicide de la race par l'électricité, terme d'une étrange religion de l'avenir? Certains de leurs disciples ont voulu sans doute faire l'expérience de ce suicide scientifique... en l'appliquant, avec les zeppelins et les gothas, à leurs frères humains, les Français. Ils oubliaient que charité bien ordonnée doit commencer par soi-même.

Schopenhauer procède de Kant qu'il admire et dénigre. La volonté nouménale qui nous fait participer à un monde platonicien est devenue la Volonté, le Vouloir Vivre de l'espèce, dévoilé par cet égoïsme dont chacun fait son trésor en le masquant de son mieux par politesse.

Nietzsche, comme Wagner, a été éveillé par Schopenhauer et proclame, lui, la Volonté de Puissance qui s'affirme chez tous les hommes et se manifeste mieux chez les surhommes.

Par delà le Bien et le Mal, Nietzsche dénonce avec fougue les *Préjugés des Philosophes* et, en particulier, « la tartuferie aussi rigide que modeste du vieux Kant par où il nous attire dans les voies détournées de la dialectique, ces voies qui nous mènent ou plutôt nous induisent à son impératif catégorique ».

Ainsi Nietzsche décoche sur le vieux Kant des plaisanteries comme le grand instituteur et jardinier Epicure, qu'il loue volontiers, en décochait sur Platon et les Platoniciens. Le brillant docteur en philologie ne cache pas non plus son aversion contre le stoï-

cisme et la tyrannie infligée à soi-même. Il cite Bentham « qui lui-même marchait sur les traces de l'ho-
norable Helvetius ».

On trouve une espèce de doctrine chez Nietzsche.
Dans cet ensemble chatoyant, fulgurant, de commen-
taires et de prophéties qui ont fait la renommée d'un
penseur et d'un poète aristocrates, d'un *essayist* éperdu,
on reconnaît les éléments d'un système.

Qu'y a-t-il, d'après Nietzsche, au fond de la nature
humaine ? L'égoïsme, l'amour-propre, l'instinct de
conservation, ce quelque chose de vivant, dit-il, qui
veut épancher sa force. La morale qui nie ces ressorts
de l'être est faite de préjugés, est une chose futile,
hâtive, provisoire.

Qu'y a-t-il donc d'*humain* ? C'est l'expression vivante, forte, de notre moi. Mais si elle est formidable,
féroce, frénétique ? Tant mieux ! répondront le savant
et l'artiste hallucinés par les visions des fêtes païennes
que le génie d'un Wagner aurait pu renouveler, s'il
n'avait abandonné les joyeux délires des héros fanatiques pour le renoncement et le sacrifice de *Parsifal*.

La volonté de puissance qui est en chacun de nous,
qu'il ne faut pas contrarier et qui se manifeste avec
plus d'éclat chez les grands hommes, — hommes de
vigueur, hommes d'action, hommes de proie, — doit
bannir tous les sentiments d'abnégation. L'esthétique
de la vision désintéressée est absurde. Stendhal qui pré-
conisait le développement des passions était un « grand

psychologue », un « curieux interrogateur », un « étonnant épicurien ».

Il est inhumain de sacrifier sa propre nature, de bénir lorsqu'on vous maudit.

D'ailleurs, l'action désintéressée, dit Nietzsche après Schopenhauer et nos moralistes cyniques, est une action « très intéressante et très intéressée ». Celui qui a consommé un sacrifice sait qu'il a cherché une compensation et qu'il l'a trouvée. Celui qui prétend travailler à l'utilité publique et au bonheur de l'Angleterre n'est, en définitive, qu'un amateur de *comfort* et de *fashion*.

Ainsi se déroule en périodes tour à tour agressives et lyriques ce qu'on a appelé l'immoralisme de Nietzsche, qui repousse la morale des esclaves, oppose sa religion de la force à la faiblesse et à la névrose religieuse.

Et pourquoi s'arrêter en si beau chemin ? Désormais, plus de concessions, plus de pitié. C'est encore un désir de propriété qui rend sensibles et bienfaisants. Les parents tendres considèrent aussi l'enfant comme leur bien et la croyance à la solidarité rédemptrice, c'est la croyance au troupeau, donc à soi.

Qu'est-ce qui est noble ? demande Nietzsche. Et il répond en propres termes : L'égoïsme appartient à l'essence des âmes nobles. L'âme noble accepte l'existence de son égoïsme sans avoir de scrupules. L'homme noble qui doit avoir une foncière hostilité et une profonde ironie en face de l'abnégation n'a pas besoin qu'on ratifie son droit ; il est créateur de valeurs, il se voue à la glorification de son moi avec un sentiment de la plénitude, de la puissance qui veut déborder. Il vient en aide aux malheureux non pas ou presque pas par compassion, mais plutôt par une impulsion que crée la surabondance de force.

Le véritable instinct fondamental de la vie tend à l'élargissement de la puissance, à l'émotion du commandement, signe distinctif de la souveraineté.

Tel est le joyeux *saber*, telle est la *gaya scienzia* dont s'enivrait le délirant paganisme de Nietzsche que guettait férocement la paralysie générale accompagnée d'une sorte quelconque de folie des grandeurs.

Sa volonté de puissance, Nietzsche l'avait exercée en enseignant le grec dans une université, puis en errant à travers la Suisse et le nord de l'Italie. C'est dans une chambre modeste de pension à bon marché que Zarathoustra, en prenant des narcotiques et en contemplant les pics inaccessibles, célébrait l'esprit de domination.

Trop cruel envers ce trop cruel poète, M. Giovanni Papini, qui n'a pas épargné le « bourgeois philistin », « l'ingénieur Spencer », massacre dans son *Crépuscule des Philosophes*, avant sa définitive conversion, le « pauvre convalescent à rechutes » Nietzsche.

Lorsqu'on veut évoquer cette figure curieuse d'écrivain hanté que le statuaire José de Charmoy, épris de Nietzsche, ornait d'un front symboliquement immense,

il est préférable de lire l'excellente étude de M. Daniel
Halévy.

Ce frénétique amateur de la puissance qui célébrait
les vertiges de la possession fut incapable d'aimer et
d'être aimé ; il semble n'avoir eu qu'un pauvre petit
roman d'amour très humble et très timide, à peine
esquissé, dans sa pauvre vie d'érudit qui animait ses
fiches de visions pourpres et de rêveries impériales...

A présent, cette figure d'artiste philosophe qui a exalté la volonté, la volonté de puissance, devient plus
mystérieuse, plus inquiétante, peut-être aussi plus
significative qu'on ne pensait à première vue. Je crois
bien que Nietzsche, comme son maître Schopenhauer,
détestait sincèrement les Prussiens. Mais ce sont les
sur-hommes qui font les sur-peuples, les sur-empe-
reurs, les sur-Dieux, les sur-Etats.

Nous savons ce que vaut la joie fraîche et vivante de
la conquête, avec l'appétit de la domination et tous
les autres, suivant les préceptes des Treitschke, des
Bernhardi et des Tannenberg ou la farouche prédication de celui qui entrevoyait l'avenir et qui disait dans
son impuissante frénésie de la puissance : « Soyez
brigands et conquérants. Vivez en guerre avec vos
semblables. »

Ici l'égoïsme du moi individuel est remplacé par le
colossal, féroce et sanglant égoïsme du Moi panger-
manique.

L'Etat, observait déjà Schopenhauer, est le « chef-d'œuvre de l'égoïsme bien entendu, raisonnable, de l'égoïsme totalisé de tous ». C'est à cet égoïsme-là que les fanatiques du Staat allemand obéissaient, et veulent peut-être obéir encore. Vaine et funeste Volonté de Puissance...

Nous sommes loin des rêves de justice universelle et d'humanité qui, généreusement, après les sèches analyses et les sceptiques aphorismes, magnifient la doctrine des épicuriens utilitaristes, des altruistes probes et fervents de France et d'Angleterre.

TABLE DES MATIERES

DESACIDIFIÉ
A SABLE : 1998

IMPRIMERIE DES PRESSES UNIVERSITAIRES DE FRANCE

49, Boulevard Saint-Michel, à Paris

www.ingramcontent.com/pod-product-compliance
Lightning Source LLC
LaVergne TN
LVHW012254170726
843503LV00002B/532